叙事,让成长不期而至

毛家英 著

河海大学出版社
HOHAI UNIVERSITY PRESS
·南京·

图书在版编目(CIP)数据

叙事,让成长不期而至 / 毛家英著. —— 南京：河海大学出版社，2023.8
 ISBN 978-7-5630-8323-7

Ⅰ.①叙… Ⅱ.①毛… Ⅲ.①语文课－教学研究－中小学②中小学－学校管理 Ⅳ.①G633.302②G637

中国国家版本馆 CIP 数据核字(2023)第 166318 号

书　　名	叙事,让成长不期而至
书　　号	ISBN 978-7-5630-8323-7
责任编辑	杜文渊
特约校对	李　浪　杜彩平
装帧设计	秦永诚
出版发行	河海大学出版社
地　　址	南京市西康路 1 号(邮编：210098)
电　　话	(025)83737852(总编室)　(025)83722833(营销部)
经　　销	江苏省新华发行集团有限公司
排　　版	南京布克文化发展有限公司
印　　刷	广东虎彩云印刷有限公司
开　　本	718 毫米×1000 毫米　1/16
印　　张	13.25
字　　数	231 千字
版　　次	2023 年 8 月第 1 版
印　　次	2023 年 8 月第 1 次印刷
定　　价	68.00 元

序
preface

把所有的遇见炼成文字

毛家英校长是一个喜欢用文字记录的人。

她的文字简单、朴实,对事件的刻画细致入微,很容易把人带到她所记录的场景之中,既身临其境,又感同身受。所以,读她的文字,像是在听办公室同事的聊天,又像是在重复自己的曾经与过往,时而颔首,时而心动。或许这就是文字的魅力,让我们有机会走近他人,感受他人的呼吸、热爱与澎湃,聆听他人的细语、吟诵与歌唱。所以,读这本书,其实就是在读毛校长,读她的工作、生活,以及一切可以用文字触及的地方。

教师的工作,通常会面对两个关键词:一是重要的自己,也就是自己的经历、观察与思考,可以概括起来称之为"成长",二是重要的他人,学生、同事、家长都算得上是教师的重要他人,如何去经营与他们的关系,是教师必须要去思考的事情。在这本书中,毛校长谈到了个人的成长,认真记录了成长过程中的关键事件,特别是对"逼自己一把"的感悟借鉴。其实,每个人都需要去逼自己一把,这是成长的必需,也是所有成功教师的朴实经验。当然,书中将更多的文字留给了学生,这让我们有机会从校长的视角去观察、理解儿童,然后站在教师或者家长的立场,去重新审视、接受或批判——这也正是写作的价值。

教师的生活,大多与其他职业者相同。如果非要找出一些细微的差别,可能就是,在教师的生活中不可避免地会有教育的闯入,或者是更容易将生活经营出教育的味道。本书中有多篇文章写毛校长的家庭生活,内容最多的是关于自己的儿子——年轻的新教师,虽然说是记录生活,但更像是老教师与新教师之间的互动。至于像父亲住院之类的亲情故事,毛校长的笔尖也着力在了教育之上。比如,通过父亲住院疗伤这件事,毛校长曾写道:"医疗、医院、医生,话题永远是不会断的,因为站在患者的角度看,确实有很多让人不理解的地方。我是教育工作者,教育、学校、教师,其实也是一样,不也是永远处在风口浪尖吗?因为站在家长的角度……"我经常说,一个善于写作的教师,可以把柴米油盐酱醋茶都看成教育的元素,写出教育的苦辣酸甜。毛校长的文章,恰恰在无意中印证了这样的观点。

如果用一句话来表达我对毛校长的印象,那就是——她是一个可以把所有遇见都炼成文字的人。这点通过读读她的作品就可以觉察出来。值得说明的是,毛校长是带着一支优秀的青年教师队伍在写作,她们之间的故事更有不一样的味道。至于不一样在哪里,大家可以自己去阅读,然后慢慢地感悟。因为在毛校长其他著作的序言中,我曾经专门写过这群年轻教师,今天就不再谈了,留给大家吧!

留白处,诗情悠远。大家自己去品味吧!

叙事教育倡导者、叙事者教师成长团队发起人:王维审

自序

感谢文字记录

用文字记录学习、工作、生活中的点滴，是我读师范学校时养成的习惯。那时候每天都会记录，也许是练得多了，一提起笔，感觉文字真的会从笔尖流淌出来，一大摞的日记本是我上师范学校三年青春岁月的真实记录。

工作之后，也许是忙碌，也许是压力，当然更多的应该是自己的懒散，我的文字记录慢慢变得仅为了完成任务，从原先几乎天天涂鸦到一年也不写几篇，文字内容也窄化为总结、论文之类。拳不离手，曲不离口，文字也离不开经常性记录，因为写得少了，我明显感觉文字离我越来越远，有时候有意义的事情明明在眼前，就是无法很好表达出来，我的文笔越来越钝。

也曾感慨，喜欢记录的爱好，也许就这样在工作的忙碌、生活的庸常中渐渐远去了吧！

但是，2016年1月看到的这段文字，却真真实实改变了我。

你有多久没写作了/还记得在日记本上写出的第一段话吗/还记得在QQ空间写日志的那段时光吗/还记得在各种网站上开通过的那些博客吗/可能 你也动过笔/可是没有坚持下去/毕竟一个人走路是很容易懒惰的/但是 如果有一群人陪着你呢/也许会大不一样/寒假是修复心灵最好的时节/一个月的时间/或许你收获的不仅是放松和休息/还能顺便捡回不

小心玩丢的那个自己/所以 在今年寒假/我们发起30天持续写作挑战/你什么都不需要投入/除了一颗敢于挑战自己的心

这是山东王维审老师发布的《寒假,你敢挑战吗?》,挑战书的内容朴实却直抵人的内心,很富有召唤力。虽然因为种种原因,我没有加入一月挑战,但是想"捡回不小心玩丢的那个自己"的心却被激活了。所以,王老师在一月之后成立叙事者教师发展共同体的时候,我毫不犹豫加入了,并且很快成立了自己学校的叙事者望亭团队,并集体加入了叙事者。从此,我和我的团队开启了每月读一本书写一篇读后感、每周写一篇叙事、每月参加一次线上读书交流和一次叙事者讲述的叙事之旅。

时至今日,七年有余,远去的文字慢慢回归,玩丢的自己渐渐捡回,读写已经成了我生命之中不可或缺的成长方式。我们的团队叙事专著已经出版,我的个人叙事专著也摆到了议事日程之上。

当然,说大一点是叙事专著,说朴实一点还是文字记录。这么多年来,我把所见所闻、所思所想以故事的形式记录了下来。7年时间,留下了太多写叙事者的文字,选择几篇编辑在"故事里的叙事团队",也是特别有意义的事情。"故事里的专业阅读"记录的是每月阅读经典后的所思所想。"故事里的学校管理"记录的是我在管理工作中的点滴感悟。日常生活中引发的教育感悟被收集在"故事里的教育之道"。一直不忘成长,前行路上留下的或深或浅的脚印尽收于"故事里的自我成长"。家家都有本难念的经,家庭生活中的酸甜苦辣你可以在"教育中的百味生活中"中去寻找。

这本书的文字全部来源于2016年3月我加入叙事者之后所撰写的博客文章,有些内容具有一定的时效性,所以每一章节中的每一篇文章我都是按时间的先后来安排的。

当我整理书稿重读这么多年记录的上百万文字时,往事历历在目,无论是成功还是失败,无论是欢笑还是痛苦,无一例外都成了我宝贵的精神财富。感谢王维审老师的叙事者,让我重新捡回了不小心玩丢的自己;感谢一直坚持的文字记录,让我的生命中留下那么多的美好。

目录
contents

故事里的叙事团队

"叙事者",我来了 …………………………………………… 003
紧跟叙事者,我们成长了 …………………………………… 005
布置我们的家是幸福的 ……………………………………… 009
我的稿费上交了 ……………………………………………… 012
团队行走中的精彩 …………………………………………… 014
你若盛开,蝴蝶自来 ………………………………………… 016
点点滴滴见证用心
　　——叙事者望亭团队三周年庆典记录 ………………… 019
教育叙事,让成长不期而至 ………………………………… 026
感恩有你,我的叙事者伙伴们 ……………………………… 030
致敬哺乳期的叙事者妈妈们 ………………………………… 032

故事里的专业阅读

解读"自卑"这把双刃剑
　　——读《儿童的人格教育》 …………………………… 039

一心一意做一件事情，天意也为之所动
　　——《奇迹学校：震撼美国教育界的教学传奇》读后感 ⋯⋯⋯⋯ 042
"力不足"是缺乏勇气
　　——读《论语别裁》有感 ⋯⋯⋯⋯⋯⋯⋯⋯⋯⋯⋯⋯⋯⋯ 046
追寻即将消逝的童年
　　——读《童年的消逝》有感 ⋯⋯⋯⋯⋯⋯⋯⋯⋯⋯⋯⋯⋯⋯ 049
朗读，课堂的生命
　　——读《做一个学生喜欢的老师——我的为师之道》有感 ⋯⋯⋯ 052
开卷，有益
　　——读《做一名有专业尊严的教师》有感 ⋯⋯⋯⋯⋯⋯⋯⋯ 055
感谢读写
　　——读《做一个学生喜欢的老师——我的为师之道》有感 ⋯⋯⋯ 057
儿童的创造力之思考
　　——读《陶行知教育文集》有感 ⋯⋯⋯⋯⋯⋯⋯⋯⋯⋯⋯⋯ 060
成长型思维助你终身成长
　　——读《终身成长》有感 ⋯⋯⋯⋯⋯⋯⋯⋯⋯⋯⋯⋯⋯⋯⋯ 062
从罗杰斯观点看教育
　　——读《论人的成长》有感 ⋯⋯⋯⋯⋯⋯⋯⋯⋯⋯⋯⋯⋯⋯ 065
管理团队，就是经营人心
　　——读《干就对了》有感 ⋯⋯⋯⋯⋯⋯⋯⋯⋯⋯⋯⋯⋯⋯⋯ 069
感受球球部落的教育故事
　　——读《拯救球球部落》有感 ⋯⋯⋯⋯⋯⋯⋯⋯⋯⋯⋯⋯⋯ 071
陪伴、玩伴、同伴的重要性
　　——读《不可思议的青少年大脑》有感 ⋯⋯⋯⋯⋯⋯⋯⋯⋯ 073

故事里的学校管理

只要能做有心人 ⋯⋯⋯⋯⋯⋯⋯⋯⋯⋯⋯⋯⋯⋯⋯⋯⋯⋯⋯⋯ 079
不用说"不好意思" ⋯⋯⋯⋯⋯⋯⋯⋯⋯⋯⋯⋯⋯⋯⋯⋯⋯⋯⋯ 081
"疏堵"之间见智慧 ⋯⋯⋯⋯⋯⋯⋯⋯⋯⋯⋯⋯⋯⋯⋯⋯⋯⋯⋯ 083
我们真的需要"仪式感" ⋯⋯⋯⋯⋯⋯⋯⋯⋯⋯⋯⋯⋯⋯⋯⋯⋯ 085

微不足道的事情也温暖人 …………………………………… 087
"暖"从活动中来 …………………………………………… 089
愿给班主任一点光亮 ………………………………………… 092
规则制定了，执行最重要 …………………………………… 094
相信每一朵花都会绽放 ……………………………………… 096
做一个关注教师的校长 ……………………………………… 099
特别的年夜饭 ………………………………………………… 101
做自己喜欢的事情而愉悦 …………………………………… 103

故事里的教育之道

爸爸的到位是孩子成长中的福 ……………………………… 109
父母好好学习，孩子天天向上 ……………………………… 111
孩子们硬要我拖堂 …………………………………………… 113
做新老师更加不容易 ………………………………………… 114
不入行，你永远体验不到 …………………………………… 117
这句话，我永远记得 ………………………………………… 119
好习惯从不娇宠开始 ………………………………………… 121
考试迟到的孩子 ……………………………………………… 124
慎用"我是为你好" …………………………………………… 126
给孩子多一点温暖 …………………………………………… 128
爸爸在哪里 …………………………………………………… 130
一时的不会，没什么大不了 ………………………………… 133
为家长辅导而一声叹息 ……………………………………… 135

故事里的自我成长

老师讲的都对吗？ …………………………………………… 141
书读四遍 ……………………………………………………… 144
逼自己一把，你行的 ………………………………………… 146
一次无法到场的讲座 ………………………………………… 149

与于老的近距离接触	151
成长中贵人的帮助很重要	153
第一次尝试童漫公开课	156
坚持是最大的胜利	159
做一个懂孩子的老师	161
逼自己一把，很值得	164

故事里的百味生活

哪怕我永远也长不大	169
"幸福"来敲门	171
来自奶奶的特别问候	173
父亲需要我们照顾了	176
婚前带队参赛	178
忙，成了常态	180
一路胖4斤	182
传承爱的一碗面	185
改变印象并不难	187
立夏习俗温暖童年	190
拥有健康真好	192
一次治愈失落的对话	194
好一个"以前的味道"	197

故事里的叙事团队

"叙事者",我来了

加入王维审老师创立的"叙事者"团队,是对自己的一种鞭策,更是一种考验。因为这里活跃着一群叙事"疯子",他们的毅力让我有点望而生畏,他们的成长也让人望尘莫及。

早在年前,王老师发出利用寒假坚持一个月每天写一篇教育叙事的挑战,我就没敢参加。因为我知道我没有这样的毅力,每天都要写教育叙事,而且当天12点之前必须发送,不发送就宣告挑战失败。这样的挑战真的是挑战,一是每天写,有那么多教育内容可写吗?曾经有那么一两年,我几乎天天坚持写,每天晚上做完家务事,在网上磨磨蹭蹭看看听听,往往10点才开始写点自己的东西,那时候总是会到凌晨睡觉,有时候写一篇不过瘾,还会接着写第二篇。虽说自己的文笔并不算好,但是由于坚持,总有可写的内容,而且自己的反思能力明显加强,明明不是教育的事情,但是就能够和教育联系起来。那时候要写一篇小文章是易如反掌的事情。因为我一直觉得那是一种真实记录,不为发表,没有功利,所以每天记录下自己的所见所闻、所思所想是一件很快乐的事情。后来走上了现在的工作岗位,客观上压力大了,工作也忙了,工作性质也没那么单纯了,有时候确实没时间写,有时候有了想法也不能写出来,于是慢慢地懈怠了,一周写一篇,甚至几周写一篇。慢慢地,笔头越来越钝,有时候明明有事情发生,但感觉没什么可写了。我知道,自己写的能力在退化,所以没敢加入挑战。二是寒假期间往往都在大吃大喝大玩,每天坚持写,我真的做不到。

虽然我没加入挑战,但我一直关注着此次挑战。在王老师以及管理人员的共同努力下,在那些渴求成长的老师们的坚持下,此次挑战获得了空前的成功,好几家媒体都开始关注此项活动,老师们写的叙事陆续被刊用,大家都感觉到了成长的快乐。一个月过后,"叙事者"团队成立,发展规划、运行模式等一一建立,观望一阶段后,我于3月第二周加入了团队,并于3月第三周组建了自己学校的叙事者团队,并集体加入"叙事者"团队。

加入团队后,要求有所降低:每月前三周每周递交一篇自认为最好的叙事;每月读一本书,月底递交一篇读后感;每两周参加一次集体线上活动。尽管比挑战的时候要求降低了不少，但是真要不折不扣完成，对我而言，还是有点难。每周递交一篇叙事，应该不成问题，每天写不行，每周写一篇也不算过分，我给自己的要求就是认真记录，不求辞藻的华丽，也不求结构的精巧，只求认真踏实写下来。每月读一本书其实挑战还是蛮大的，不能算不喜欢读书，自己家里也买了不少书，但是读书的效率很低，读书的毅力也不强，往往一本书会读几个月，有时候甚至读得半途而废。现在每月读一本，而且都是经典的书，不像小说那样好读。读完还要写读后感，真正读进去了，写读后感并不是难事，就怕读不完，读不进去。所以这个挑战我觉得很难，但我还是按照读书规划，把本学期要读的书全部买了回来，并且按照要求在硬啃。每两周参加一次线上活动应该并不是难事，但时间是周末，往往会有无法抽出身的时候，所以这个真要做到也很难。我知道加入这个团队就要咬牙坚持，所以我至今还在努力坚持着。

逼自己一下，也许就能获得成长的快乐；不逼自己一把，日子也就那么匆匆而过了。我知道我无法和团队中的其他人员那样做得那么好，因为直到现在，团队中很多成员还坚持每天写一篇，每天在群里发送分享。但我会坚持走好每一步，力争紧跟而上，即使偶尔掉队，我也会紧追而上的。

"叙事者"，我来了！虽然来得迟，虽然跟得慢，但我会努力。给自己一点压力，至少也让自己的生活也多一点色彩吧！

写于 2016 年 3 月 27 日

紧跟叙事者，我们成长了

你有多久没写作了
还记得在日记本上写出的第一段话吗
还记得在QQ空间写日志的那段时光吗
还记得在各种网站上开通过的那些博客吗
可能 你也动过笔
可是没有坚持下去
毕竟一个人走路是很容易懒惰的
但是 如果有一群人陪着你呢
也许会大不一样
寒假是修复心灵最好的时节
一个月的时间
或许你收获的不仅是放松和休息
还能顺便捡回不小心玩丢的那个自己
所以 在今年寒假
我们发起30天持续写作挑战
你什么都不需要投入
除了一颗敢于挑战自己的心

这是2016年1月，王维审老师发布的《寒假，你敢挑战吗?》挑战书的内容，朴实却能直抵人的内心，很富有召唤力。我很想参与挑战，但是看到规则，我还是胆怯了。

要想成为挑战者，"从1月25日起到2月24日止，每天写一篇500字以上教育随笔，可以是教育故事，也可以是你对教育的思考，必须是当天原创，否则挑战失败。每天至少给5个人的文章评论留言，字数不少于20字，拒绝套话和模式化语言。"

我平时也经常要对自己的学习、生活、工作进行简单的记录，写500个字，应该并不是难事,但是必须是当天原创,那就无法保证。因为年前的寒假生活,各种考核、结算等工作还是很多的,我无法确定每天都能动笔。加之从大年夜开始,我们早就约定要和朋友们以家庭为单位到云南过年度假。如果不打开电脑,根本无法浏览博客,更无法给5个人的文章评论留言。所以当很多朋友激情澎湃地接受挑战的时候,我采取了旁观的态度。

挑战如火如荼地进行着,我也总能从不同渠道感受大家在挑战中的酸甜苦辣。然而给我印象最深的却是挑战活动的严苛。有的人没用当天的原创文章,被淘汰;有的人出门在外,没有网络,发文章超过了12点,被淘汰;有的人评论人家的文章没满20字,被淘汰……看到大家因为被淘汰而充满惋惜的话语,我暗暗庆幸:幸亏当时没接受挑战,否则,绝对会被淘汰。不过,坚持下来的人的成长也是让人刮目相看的,《中国教师报》整版刊发了这次挑战的相关内容,这也让人坚信:坚持到底就是胜利。

因为有了寒假的成功试水,成立叙事者民间团队也就水到渠成。于是这个组织的活动内容也很快确定下来:每月读一本指定的经典著作,在规定时间上交一篇读后感;每月参加两次总群安排的线上交流活动;每月在指定时间上交三篇不少于800字的叙事。这次的要求比寒假低了很多,但是我依旧没敢加入,因为每月读一本书,我怕完成不了任务。于是我依旧远远地看着,心底有加入的冲动,但缺乏足够的勇气。随后的交流中,王老师一直鼓励我多读点书,再说看着叙事者们的成长,我也希望能随着大家一起进步。于是我从网上把上半年要读的书都购了回来,默默地和全国各地的叙事者共读共写。

王老师所在的城市不停有老师以团队形式加入叙事者,王老师曾两次来我校举办讲座,他也很关心我校青年教师的成长,所以建议我校成立一个叙事者团队,集体加入叙事者总群。对于成长,我自己总是勇气不足,但是我愿意搭建平台,尽一切力量助推青年教师的成长。说干就干,我们选择了9位工作一两年、2位工作四五年的青年教师,成立了"叙事者望亭团队",并且举行了启动仪式。我们选出了张丽静作为我们团队的负责人,随后我们团队就开启了紧跟叙事者总部共读共写的日子。

一开始,我还是比较担心我们团队跟不上总部节奏,因为总部那些追随者都是自觉加入的,原先就是一些读写爱好者,而我们的年轻教师大多数原先没有读写意识,是被我逼着前行的。我也理解大家会有畏难和胆怯心理,所以一开始的时候不停地在我们的小群中进行鼓励,我也总是身体力行,力作榜样。

我们的负责人小张老师也真是好样的,有活动会一次又一次提醒,要交作业了也会提早出"安民告示",哪一位提早交作业了,她会在群中鼓励,哪一位还没及时交,她会个别留言提醒别错过时间。为了总部老师便于统计,小张让我们把作业在规定时间内先发给她,然后她进行汇总,最后再统一发给总部。清楚地记得,第一次交作业的时候,我们俩在电脑前不停表扬这个,提醒那个,有的老师不在电脑前,QQ信息没回应,我们还给短信联系。当12位成员全部在规定时间内上交作业的时候,我们非常自豪。有了第一次,以后就顺畅多了,基本不用过多提醒,成员们都会准时上交作业。

其间还发生了让我们异常感动的事情。暑假,我们团队的晶晶回老家徐州了,一天她给我留言,说自己生病多年的父亲过世了,老家有很多的风俗习惯,那一周的作业可能无法准时上交了,但是丧事过后,她会及时补上的。听到这个消息,我非常震惊,但是因为她远在徐州,我也只能言语安慰,我告诉她别考虑交作业的事情,处理好父亲的后事、保重好自己的身体最重要。令我没有想到的是,周六小张发布汇总好的作业的时候,晶晶还是上交了作业。说真的,当时的震撼和感动是无以言表的。

我们也一直在思考一些线下活动,小张老师也做了一些方案。比如我们希望能和总部进行线下互动,比如我们准备进行读书沙龙,比如我们期望能走进影院,共看一部好电影。上个星期,我参加的区读书会正好邀请文学、教育学博士进行电影讲座,于是我转发信息,所有能抽出时间的团队成员都一起参加了活动,我们还得到了意外赠书的惊喜。

我们的团队成员都是生龙活虎的小年轻,她们的好学上进也一直激励着我这个精力越来越不行的中年人,使我一直不敢懈怠,一直亦步亦趋地紧跟前行。一开始的时候,我都是比较积极的,都能提前或者准时上交作业,但是有时候身不由己,到了每周六晚上8点的规定上交作业时间,或者正在赶作业,或者作业提前写好了,但是人在外,无法及时上交,好几次我总是给张老师打招呼,稍微等我点时间,这也算是"走后门"吧。等我抓紧一切时间完成作业,发给小张老师的时候,哪怕只是晚十来分钟,没过一会儿小张就会迅速把汇总好的我们12个人的作业展示出来,可见我就是最后一个上交的。尽管我偶尔会走点"后门",稍微晚点上交作业,但是我从没突破总部规定的周六晚上12点前交叙事的规则,读后感也能在规定时间内上交。

团队的共写活动,只需要大家动笔就可以,但是共读那就需要有书了。叙事者总部的管理老师很尽责,每次都会提前提供电子稿。但是读电子稿很累,我一直喜欢读纸质书。所以我第一个加入叙事者之后,就把上半年每月所读书目网购全了。成立团队了,一开始没想到买书的问题。有的成员可能自己网购了,有的可能在读电子稿。后来考虑到这些小年轻都是才工作一二年,工资很低,好几个都是外地过来的,租房、日常生活消费也不低,再要让她们额外增加一笔买书费用我心有不忍。但是现在财政支出又很严格,每月给她们赠书,似乎也不妥当。最后和小张商议后决定,学校网购所有的书,然后入库在图书馆,每月读书的时候团队成员自行借阅。这样既丰富了图书馆的书,又让团队成员有纸质书可读。购书事项全部由小张老师负责,她做事一向有条有理,交给她做这事,我们都能安心。

从3月开始,到现在我们已经读了8本书,第9本在读,对于本来就爱看书的人来说,这并不算什么,但是对于平时看书很少的我们来说,这真的是一个非常大的突破了。这段日子,我们写了那么多的叙事,也许我们的叙事还不能和总部那些优秀者相媲美,但是我始终觉得,能坚持就是最大的胜利。清楚地记得,第一篇作业,我们的老师连题目也不大会写,当时写的就是一个年度总结一样的题目。于是每一篇文章我都看过,发现一些明显需要修改的地方,我都一一留言,共同进行修改。现在好多老师都有了长足的进步,小张老师的文章被发表了,我自己的一篇共写高考文也被编辑看中发表,还有好几篇被总部作为优秀文章推荐了。当时我们的老师总觉得没话可写,要交作业是一件头疼的事情,现在区区800字根本就不是问题了。当时大家处理教育教学中的事情,做了就过去了,现在一遇到事情就会反思,而且还有意识积累叙事的素材了。还有读书,有几次的书很难啃,有几次的书特别厚,曹丹萍老师说,如果只是一个人读,一定会放弃,但是想到大家在共读,也就不敢松懈,于是一个一个的"硬骨头"被啃了下来。坚持的过程是艰难的,但是我们都走过来了,而且我们也看到了自己的进步,品尝到了成长的欣喜。

为了展示我们团队的成果,我和小张老师策划,要做一期团队成员展示,我们要将写过的叙事、读过的书、写过的读后感一一展示出来,目前大多数材料已经完成,并交给了广告公司。这样的展示一方面是给成员们鼓励,让她们更有自信地在叙事者读写道路上前行,另一方面也给学校其他老师以榜样引领。如今,已经有一些老师提出申请,也希望加入我们的叙事者团队。作为老师,在忙碌工作的同时,能读点书写点自己喜欢的文字,那是一种非常有意义的行走方式。我相信我们能坚持走下去,而且越走越坚定,越走越自信。我也相信,有着这么一批叙事者的引领,我们学校的书香味会越来越浓。

紧跟叙事者,我们的老师成长了,我们的团队成长了,我相信,我们的学校也一定能不断成长。

写于 2016 年 11 月 12 日

布置我们的家是幸福的

周三,夜幕已经降临,我们的行政楼大厅内灯火通明,叙事者成员张丽静、陆顺雅、叶绚华、汤舒雯、陆婷还在临时搭建的工作台上忙碌着。"太晚了,把你们自己的东西收拾一下带着走,其余的明天让清洁工阿姨收拾打扫吧!"看着忙碌的叙事者们,我怜惜地对她们说。"没事,我们整理一下,我把这些垃圾装进口袋,这样整洁些!"叙事者小组长张丽静就是那么追求完美,自己负责的事情一定要做完了才肯结束。

这是叙事者望亭团队成员在布置我们的家——墨香斋。

暑假中,我们对行政楼大厅做了一些改造,并决定将其中一处布置成叙事者之家。场所有了,要是有个名字,那就更好。请教叙事者创始人王维审老师,他给起名"墨香斋"。墨香,书籍之香,我们尽情阅读;墨香,写作之香,我们每周叙事。

场所有了,名字有了,该怎样布置呢？小年轻的点子多,创意也很丰富,我把设计、布置全部工作都交给了小组长张丽静。

看似不大的场所,但要布置得有点文艺气息,还是很难的,为此我特意把改造这两个场所的张阳老师请来了,让她把自己的设计理念讲给张丽静听。张丽静和张阳老师很合拍,好几个地方我还没完全领悟的时候,张阳老师指着张丽静说:"她懂的!"这样,我也就更加放心了。

今年 9 月 8 日晚上,为庆祝教师节,相城区阳澄读书会和园区九九雅集读书会以及古城区半书房读书会联合活动，我们叙事者望亭团队成员全部报名参加。其间有书法家现场表演书法，我们请书法家给我们书写了"墨香斋"三个字，还专门进行了装裱。

随后的日子里，张丽静一边在网上采购装饰用的物件，一边嘱咐成员把2016年第三周开始加入叙事者望亭团队后写的每周一叙事汇总起来，还要把每月写的读后感分篇汇总。每个成员的文字全部上交后，她又进行了整理，每个成员都打印了一本叙事集。读后感以书为单位，12篇叙事汇总在一起打印一本。这些叙事集和读后感集都是要布置在我们的叙事者之家里的。我曾担心，我们这样最原始的结集打印，会不会很难看，破坏那个本来设计得挺雅致的地方呢。所以也有人提议，我们可以找广告公司把我们汇总好的文字做成书的样子。我把自己的担忧告诉了张丽静，她说她会组织成员对我们打印出来的集子进行装饰的，先试试看，如果不好，再找广告公司。最后她还调皮地说："能节约的时候尽量节约成本吧！"她一个人承包了那么多工作，而且时时还想着为学校节约成本，我自然不会再说什么。

所有的准备工作都做得差不多了，张丽静说要请叙事者成员们抽半天集中起来装点我们的"墨香斋"。她和陆顺雅都在隔壁学校交流，回来真的不是很方便，最后好不容易确定本周三我们所有成员集中，大家一起布置，结果陆顺雅年级轮到开家长会，但是她说一开完家长会马上赶过来。

除了休产假的曹晓玉和正在为赛课准备的张湘，其他人员都忙里偷闲赶来布置了，张丽静还请来了外援——我们教美术的王燕雯老师。她耐心细致地布置任务，并且把每一个细节都考虑得妥妥的。我没有全程参与，但时不时来到她们的工作现场，感受着她们布置的用心。普通的彩色卡纸作为包书皮用在了叙事集上，怎么看也不突出，但是配上一个色彩艳丽的书套，一下子就亮丽起来。好漂亮啊！走过路过的老师们看到这些书，也忍不住赞叹。做书的小伙伴们自然是心中窃喜。报纸上对叙事者的报道剪下来了，但是就这么放在镜框中，显得太一般了呀，不急，采上几片树叶作点缀，一下子变得鲜活了起来。两个大镜框放什么，美术老师画画，叙事者成员填色，再写上和我们叙事者息息相关的"唤醒、温暖、温柔成长"等词语，一下子就灵动起来。看得我都不想离开了。我开玩笑说："你们就像布置自己的新房那样用心啊！""没错，以后我们就这样布置新房，大家有需求可以请我们哦。"大家还不忘这样调侃着，言语之中饱含着看到自己劳动成果的欢欣之感。每本读后感集都要写上书名，张丽静觉得用毛笔写在封面上比较有内涵,于是把任务交给了陆顺雅,因为她知道陆顺雅老公毛笔字不错。小年轻就是头脑活络,家属资源也被充分利用起来了。这些可爱的姑娘们,真的太让人喜欢了。一吃完饭,她们就开始忙碌,马不停蹄,直到夜幕降临,才基本告一段落。

晚上,陆顺雅老公在我们共读的17本经典著作的读后感集上都用毛笔写上了书名,发在群里以后,又引来了大家的惊叹。淡雅的封面,加上俊秀的书法,怎么看都觉得舒心。

叙事者望亭团队从2016年3月第三周起步,12名成员每周一叙事、每月一经典,雷打不动完成任务。今年7月,朱春兰老师同意加入团队,至此,13名成员抱团成长。不得不说,我们走过的每一步,其实也是在逼迫自己中完成的,但是逼迫久了,成长也就成了习惯。目前,我们虽然没有大量文章发表,也说不出我们的写作水平有了多大提升,但是我们的生活是充实的,我们的精神是丰盈的,所以我们聚在一起布置我们的"墨香斋"——叙事者望亭团队之家也是幸福的。

写于2017年10月27日

叙事，
让成长不期而至

我的稿费上交了

周五下班回家，门卫给了我一张稿费单。"450！"这是我在《人民教育》2018年第二期上发表《在"小圈子"里实现大成长》的稿费，这也是我获得的单笔稿费中最大的一次。《人民教育》，果然是大杂志，稿费这么高。

晚上，我把450元稿费在微信上转给了咱们叙事者望亭团队的小班长张丽静，张丽静迅速接收了。

稿费是打给我的，转给张丽静，难道文章是张丽静捉刀的吗？当然不是，我没有这个习惯，也不愿意这么做。这还得从2018年我们团队约定投稿开始说起。

自2016年3月第三周开始，我们的叙事者望亭团队成立，随后一直跟着王维审老师的叙事者团队行走。两年多的日子里，我们每周一叙事、每月一读后感，雷打不动。去年10月，每个人的文章结集刊印，放在我们自己亲手装扮的叙事者之家——墨香斋里，每个人都是厚厚的一本啊！

叙事者总群里经常会有老师发表文章的信息，有的人在短短两年内发表上百篇，确实让人惊讶加羡慕。我们叙事者望亭团队，也因为坚持而有一定的名气，但是在发表文章上，我们是非常弱势的。

其他加入叙事者的，大多是因为喜欢读写，因为渴求成长，他们有一定的读写基础。而我们团队不一样，一开始都是被我硬拉着加入团队的，也是被我硬逼着完成作业的，大家的起步基础也比较弱。后来交作业成了大家的自觉行为，大家的坚持也很让人感动，但是我觉得因为基础差，所以还需要积淀，因而一直没有硬性提出过要大家投稿。因而2018年前，我们成员发表文章很少，叙事者创立人王维审老师多次说，我们团队最大的不足就是不投稿。后来，我们团队约定，从2018年开始正式试着投稿。没想到没多久喜讯就接二连三地来，好多成员都发表文章了。为了激励大家，也为了分享喜悦，我非正式地提议，以后发表文章有了稿费拿出来请客。说这话的时候，大家还没见到稿费，但是我的文章已经发表在《人民教育》上，我想如果有稿费，我一定拿出来请客，分享喜悦。

我一向认为，写文章，发表远比稿费来得重要。大约六七年前吧，我的一篇小文章被《新班主任》发表，编辑联系我，要我把银行卡号给他，说有100元稿费。那时候，我发表文章很少，能够发表已经很高兴了，压根儿没想稿费的事情，于是不带半点虚假成分地回复："不用稿费。"编辑说不行，寄稿费是他们的职责。最后我们达成协议，用稿费订了半年的《新班主任》。还有一次，哪个杂志已经记不清楚了，一篇小文章发表了，还是如此，编辑说有50元稿费，我说不用，最后编辑说那就用来捐助贫困孩子吧，我欣然答应。对于专业写稿人来说，稿费不能不得，但是对于我们来说，发表的喜悦真的远远大于拿到稿费的喜悦，所以我才会提议将稿费拿出来请客。我的提议也得到了大家的认可。

过了些日子，我们已经淡忘了稿费的事情，小班长张丽静给我留言，说小汤和曹晓玉把他们在《当代教育家》杂志上发表文章所得的每人120元稿费微信发给了她，问我怎么办。

在为成员们高兴的同时，我也想到了另一个问题。当时说稿费请客的时候，大家发表文章还不是很多，到现在为止，大家陆陆续续发表文章，有的已经好多篇了，如果所有稿费都上交显然不合适。于是和张丽静商议，稿费上交分享喜悦还是不变，但是只限于每年的第一次稿费，再拿到其他稿费，可以通过在群中晒来分享，但不需要上交。于是小汤和曹晓玉的240元稿费就成了我们的请客基金。

所以周五《人民教育》发表文章的稿费来了之后，我自然是遵照非官方的规定如实上交。

叙事者望亭团队一起抱团行走两年有余，我们在繁忙的工作之余坚持读书，坚持写作，我们也坚守着一份信念：叙事者望亭团队因坚持而美丽，因坚持而成长。上交稿费，分享喜悦，那也是美丽成长的见证。

写于2018年6月9日

团队行走中的精彩

下班了,叙事者望亭团队成员集中在我们的叙事者之家——墨香斋,开始了6月的线下活动。

叙事者望亭团队2016年3月11日成立,随后我们紧跟叙事者的脚步,读书、写作、听讲座,两年700多天,我们就这样贴地行走,留下了一串串或深或浅的脚印。我们在默默中坚持,我们在坚持中成长。2018年之前,我们除了参加叙事者总部的活动外,也会组织一些线下活动,比如我们邀请名师给我们叙事者举办讲座,我们慕名集体参加民间读书组织的活动,我们一起走相城,感受家乡的巨变……但这些活动没有明确的计划,随机性比较大。

随着时间的推移,叙事者望亭团队的行走越来越正规,成员们的成长也越来越让人欣喜。我们商议,线下活动也要固定,要正规化。因为每周一叙事、每月一读后感、每月一次名师讲堂和读书分享已成常态,所以我们线下活动不想太频繁,决定两月一次,一年六次,当然一些临时活动我们也会适时穿插。

2018年至今,我们按照两月一活动的计划,一共开展了三次活动。第一次,我们齐聚"太湖边"咖啡馆,分享读书、生活、旅行感受,让时光慢下来,品味生活的美好;第二次我们走进影院,观看印度教育电影《起跑线》,大家共写观后感,并且邀请教科室组织人员对观后感进行评奖;第三次,也就是今天,我们先在叙事者之家进行了《起跑线》观后感颁奖仪式,随后给叙事者赠送了《教育案例新透视》一书,最后叙事者分三组在小组长的组织安排下各有创意地进行美文诵读,小组长还要分享选择所读美文的理由。小组成员一共13名,每组4名成员进行诵读分享,一共12名,我被小班长张丽静单列出来了,没有诵读任务,而是让我做评委,最后让我选出最佳诵读小组。我也很乐意。

我们的活动计划出来后,张丽静只是让小组长事先选好诵读内容,至于小组成员怎么分工,活动开始前我们留了半个小时进行分工和练习。大家可认真了,不但分工细致明确,而且连诵读的技巧、情感也仔细地研究。大家准备的时候我没事干,于是我就充当摄影师,站在高处来个俯拍,来到远处来个全景,走近身边来个特写,我也忙得不亦乐乎,但是我的忙碌并没有影响大家练习的热情,好投入啊!这种学习的状态很让人欣喜。

诵读开始,大家八仙过海各显神通,个别读声情并茂,齐声读声势浩大,更有小组别出心裁,像合唱一样来了个和声,很是好听。每个小组诵读结束,大家都响起热烈的掌声。三个小组诵读结束,小组长还分享选择这篇美文的理由,用张丽静的话说是给自己刚才的诵读"拉拉票"。三位组长不论是事先准备的,还是临场发挥的,都讲得非常好。有的讲到白天教育教学工作忙碌,始终处在"飞奔"状态,所以选择一篇美美的文章美美地诵读,让自己的心静下来,享受片刻的美好;有的讲到选择一篇体现母爱的文章仔细品味,让自己沉浸在爱的海洋,体会生活的美好……繁杂的事务,忙碌的生活,能有如此的静美时光,真的是莫大的享受。我虽说是评委,但没有一点的压力,大家分享结束,我也谈了自己的感受。最佳诵读小组评出来了,还象征性地发了点小奖品。但是大家都知道,谁最佳都不重要,重要的是我们在一起很享受,我们在一起很开心。

叙事者之家的活动结束之后就是我们的另一重大活动,那就是"吃稿费"去。

这还得从我们的投稿说起。叙事者望亭团队成立开始,我们雷打不动完成成长任务,叙事、读后感写了很多,但是由于基础差、底子薄,我们觉得需要更多的积淀,所以一直没把投稿这件事情放到议事日程上。叙事者创建者王维审老师说我们团队最大的不足就是不投稿,所以一直鼓励我们要鼓起勇气积极投稿。在多方的鼓励下,我们决定从2018年开始投稿,投稿情况也像作业一样,要递交给小组长。我还在群里说,谁自由投稿第一个中稿,我们要进行奖励。没想到我们的文章很快得到了编辑的厚爱,《人民教育》《江苏教育》《当代教育家》《中国教育报》《德育报》等报刊纷纷刊载我们的文章,第一个中稿的曹丹萍老师还得到了到江西婺源参加《教师博览》组织的高档次读书活动的福利。得到有文章发表的消息,我们就会在群里大晒成果,大家也总是会互相祝贺。文章发表了,自然会有稿费,我提议将第一篇发表文章的稿费奉献出来,作为团队资金,线下活动的时候我们请客。这一提议很快得到了大家的支持。于是拿到稿费单的第一时间,还没领取,我们就会把稿费先给小班长张丽静。没多少日子,我们就积聚了将近1000元的稿费。今天线下活动,我们决定到太湖边的农家乐聚餐,于是就有了我们的"吃稿费"一说。

岗位原因,导致我现在和同事在一起吃饭的机会几乎没有。而今天,我们大大方方地聚,开开心心地吃,张丽静问我推微信公众号的时候能写到农家乐吃饭吗？我说怎么不能写，我们用稿费聚餐，是一件值得骄傲的事情，我倒是希望今后能有更多这样的聚餐活动。

一个团队，默默行走 700 多天，我们没有豪言壮语，我们也没有辉煌壮观，我们有的只是对彼此的关注和关心，而这些，造就了团队的温暖，也生成了团队行走的精彩。今天的美文诵读分享、"吃稿费"聚餐，就是叙事者望亭团队行走中那抹令人难忘的精彩。

写于 2018 年 6 月 9 日

你若盛开，蝴蝶自来

今天行政会和教师大会，我都讲到了我们的叙事者望亭团队。因为 2018 年校长绩效考核我们获得了一等奖，常规管理考核我们获得了先进学校，我们还获得了德育先进学校的荣誉，这些都跟我们的叙事者望亭团队有关。我们叙事者团队还获得了相城区精神文明建设"十佳新事"。大年初七，《苏州日报·教育周刊》头版刊登了我们叙事者望亭团队的事迹。

叙事者望亭团队成立马上要三周年了，回看三年来走过的路，真的很感慨！

由于我平时喜欢写写小文章，到望亭小学之前，我几乎每天一文，不为发表，只是记录，反思自己的教育教学，也给自己的生命成长留下痕迹。如今当我翻开以前的博客，往事历历在目，还是让人觉得非常有意义。而且我深切体会到，尽管我写博客纯粹是出于个人爱好，但是我的成长其实就是从写博客开始的，那种成长是潜移默化的，不用刻意。到望亭后，从我个人来说，因主客观原因，我比以前写得少了很多，自然我的成长也减慢了。但是处在什么位置，就得思考什么问题。我思考更多的是如何引领青年教师更快更好地成长。我知道引领的方式很多，我能否从自身最熟悉的地方开始呢？机缘巧合，受王维审老师的叙事者指引，2016 年 3 月，我们组建了叙事者望亭团队，开始抱团行走。每月一本经典著作的阅读，外加一篇读后感；每周一篇叙事作业；每月两次线上名师讲坛和读书交流。说起来云淡风轻，做起来真的是艰难有加。好在我们走过了最难的那段时间，我们的坚持，让大家刮目相看。去年暑期，我们在叙事者总群进行了专题汇报：张丽静领衔分享，曹丹萍、曹晓玉分块分享，陆顺雅技术支持。这次汇报让更多的人进一步了解了我们的团队，也吸纳了很多的粉丝。当时线上真的是好评如潮，作为学校的一个小团队，我们真的很自豪。如今，只要说出望亭团队，叙事者们总会竖起大拇指。河南商丘小学语文教师群有1000多名老师，应他们的群主邀请，我也分享了我们团队的故事。我们团队的故事不光得到了各地网上朋友的赞誉，我们也在身边的活动中进行分享。继前年我在相城区首届校长论坛分享我们团队的故事以后，去年4月份，张丽静代表我们团队在阳澄读书会以《墨香斋里的叙事者》为题进行分享，让更多喜欢读书的一线教师了解了我们的团队。也就是那次分享，引起了教育局分管德育的韩科长的注意。去年10月，相城区承办苏州市德育工作现场会，规模较大，规格较高，体现的是整个相城区的德育工作水平。由于我们团队除了我和朱春兰，全部是正副班主任，所以苏州市德育教研员和韩科长就与我们约定，要我们的叙事者在会议上进行分享。去年10月28日，我们如约汇报，还带去了记录我们团队成长的小册子。这次会议，全区那么多学校，就三所进行汇报，我们位列其中，也很荣幸。11月份，相城区各行各业申报"十佳新人"和"十佳新事"。文件我早些时候就看到过，但是对照条件，感觉我们没有什么可以申报。但是后来初等教育科孙科长打我电话，说和局长商议，教育系统唯一的"十佳新事"名额就报我们的叙事者团队。当时我正好带着教师在常州培训，晚上我们叙事者聚在宾馆开会商议申报材料的撰写。尽管我很清楚，对于教育行业来说，要想在全区各行各业申报的"十佳新事"中脱颖而出，是很难的，但是能够代表相城教育系统，我们还是很自豪的。令人欣喜的是，我们还入围了！

叙事者望亭团队是一个温暖的集体，我们一起写文，一起读书，我们还一起策划线下读书活动。2018年，我们除了完成线上作业，还雷打不动进行两月一次的线下活动。我们邀请导师王维审前来讲座；我们走读太湖边、咖啡馆、图书馆；我们一起在立夏、中秋、冬至举行浪漫的读书会；我们一起"吃稿费"；我们迎新人，别故知……活动策划是烦琐的，但是我们的收获是巨大的，团队的凝聚力也得到了进一步增强。

更让人惊喜的是，从2018年1月开始，我们相约投稿，结果我们团队成员的文章遍布全国各大教育教学杂志、报纸,初步统计,已经有100多篇了。《人民教育》《江苏教育》《中国教育报》《班主任之友》这样响当当的教育媒体有我们的文章,最基层的《相城教工》更是被我们的文章"刷屏"了。2018年第二期我们学校9篇,2018年第三期我们学校12篇,2018年第四期我们学校14篇。

读书写作不但带动班级管理,也带动小年轻们在其他方面的成长。我们的叙事者,尽管还有缺点,但是她们在不停成长,相信她们也会变得越来越优秀。我也相信,叙事者望亭团队一定会是我们望亭小学历史上一股不可小觑的力量。

这个团队的成长是令人欣喜的,作为团队负责人的我,能因为自己的个人特长而引领这么一支团队,也是很让人欣慰的。当然,作为负责人,我也有很大的压力,首先是作业问题。我从不因为工作多事务忙而影响叙事者的成长作业。每月一本书、一篇读后感,每周一篇叙事,我从没落下。周六是我们交叙事的时间,有时候公务外出,即使在火车上我也要按时完成作业;即使在会议期间,我也要利用一切间隙完成作业;即使回家很晚不吃晚饭,我也要先完成作业。月末最后一天,是交读后感的时间,哪怕有再重要的活动,我也要先完成作业。在我的带领下,我们的团队成员也紧跟而上,绝没有任何一人落下任何一文。我们组织两月一次的线下活动,肯定需要一定的经费支撑,虽然很少,有的财务上是可以支出的,有的是不能支出的,但是我乐意尽自己私人的一份力量,《人民教育》发表文章的稿费较高,我贡献出来,于是其他小年轻也纷纷拿出了自己的稿费。中秋、冬至我们AA制,买自制火锅食材、买饮料、买饺子,我们的活动热火朝天,我们的内心激情澎湃。作为负责人,真的为这样一个团队而自豪。

你若盛开,蝴蝶自来,在叙事者伙伴们的共同努力下,望亭团队发展真的很令人欣喜,一些媒体也时常会主动想到我们的叙事者望亭团队。

三年,说长不长,说短也不短,在过去的1000多个日子里,我们坚持叙事,我们抱团行走,今后,我们还会坚定地行走在叙事的道路上。

写于2019年2月16日

点点滴滴见证用心

——叙事者望亭团队三周年庆典记录

叙事者望亭团队三周年庆于4月2日下午顺利完成，回首往事，无数感慨涌上心头。

缘 起

2016年3月11日，叙事者望亭团队集结而成，那天由我组织的第一次会议还历历在目。当时被王维审老师发起的一月叙事挑战而感染，也被接受挑战人员的成长而激励，匆匆组建团队，说不上是一时冲动，但是对于这个团队今后的路要怎么走，根本没有考虑长远的规划。随后我们跟着叙事者总部一路行走，一路摸索，既有为完成作业而产生的焦虑彷徨，又有收获成功时所迸发的欢欣雀跃。三年，就这么在我们的坚持中一晃而过。我见证着成员们的蜕变，感受着成员们的成长，三周年了，总想在前行的路上留下更多值得记忆的美好。于是我提出了三周年庆典的想法。

定 调

那么三周年庆典怎么举行？兰山团队举行过启动仪式，雪梅团队举行过一周年庆典，很想参照一下他们的做法。但是地域不同，成员不同，我们希望庆祝的风格也有所不同，所以最后定下基调，我们小范围庆祝，邀请本校相关人员，不惊动外校领导。我们的庆祝内容紧紧围绕叙事者来进行，一定要真实，并且以原创为主，表演也都以叙事者望亭团队成员为主。2018年1月开始，我们开启了两月一次的线下活动，每一次活动都设计得十分温馨、浪漫，还带着点小清新，所以这次庆典也要突出这些风格。

安 排

三周年庆的大体方向定下来了，紧接着就是作出合理的安排。庆典活动当天组织一场有序的活动必不可少，基本确定为播放叙事者望亭团队三年行走回顾视频、叙事者发起人王维审老师赠言、叙事微故事讲述、叙事小扇展演、叙事小诗诵读、书法古筝表演、叙事者之歌演唱、赠送叙事者三周年庆纪念册、嘉宾代表赠言、分享庆典蛋糕。活动内容不宜太长,大约在一个小时。要想充分体现叙事者特色,布置很重要。会场内的椅子全部要贴上三周年庆典的宣传页面,周边的墙上也要用我们的活动照片进行装饰,舞台更是要体现叙事者元素。会场外面又该如何布置呢?活动现场在厚德楼底楼会议室,因此在厚德楼大门口就要布置宣传海报,从大门口经过大厅才能进入会场,所以从大门开始一路上要铺上红地毯。签到要有新意,在叙事者成员的指导下请每一位参会嘉宾手指蘸上多彩的油墨,并在绘制好的一棵大树上画出五颜六色的树叶,最后这棵签名树要收藏在叙事者之家。签到后,有叙事者成员给来宾贴上三周年庆的臂贴,并送上放有我们叙事者宣传折页及报道我们叙事者团队的《中国教师报》的订制纸袋。签到完毕,来到参观区,我们自己制作的精美的13本叙事集会一一展示,30本深度阅读的书籍一一陈列,旁边就是30本读后感集,每本读后感集都有13篇我们自己撰写的读后感。团队陆婷老师画的叙事小扇也将在一旁展出。3年来,我们团队成员发表了很多文章,我们制作了成长记,也一并展出。我们还要做3块展板,上面也是展示我们开展的活动。沿着展板,参观者还可以走到2018年暑期完成的叙事者小家参观,参观完毕后来到活动现场等待活动的开始。

准　备

准备工作是最耗时耗力的,3月初我们就启动了准备工作。先是各成员按照要求将3年来的叙事和读后感整理好,因为要制作书籍进行展示。张丽静还要求我们每人写一段跟叙事有关的故事或者感想,到时候汇聚成我们的叙事微故事。但是更多的准备没有紧锣密鼓地开展,因为具体日子还没定下来。

直到徐州新沂的叶书权校长来催问日子,我们才开始正式商议。叶校长是2月中旬加我为好友的,他听说我们的叙事者团队做得可以,也想在自己的学校推广,所以提出想带着小团队来学习一下。其实我们并没有特别值得学习的地方,最大的亮点可能就是坚持,不过叶校长这么诚心要来,我们也推辞不了,于是相约三周年庆典的时候以民间形式邀请他和他的团队过来。叶校长知道我们的团队是3月11日成立的,以为会在那一天进行,但是开学工作很忙,我们肯定来不及准备,所以我告诉他可能会在3月下旬或者4月上旬举行。3月18日了,我们还没动静,叶校长又来催问了,于是我们商议确定在4月2日下午举行庆典。

故事里
的叙事团队

  有了具体的时间,各种安排都放到议事日程上来了。叙事者望亭团队三周年庆典纪念册的设计以及内容安排都是张丽静在进行。40页册子的设计也真不是件容易的事情,真亏她年轻,又有才,经过无数次调整,册子完稿,交付广告公司出样。

  三周年庆一开始的视频由精通信息技术的阿顺来完成,内容就是我们团队的活动。三年来,我们组织了很多活动,也留下了很多照片,用这些照片配上文字制作成一段视频,应该是不错的选择。阿顺是个特别认真的人,她很早把视频完成了,我请几个人看过之后又进行了微调,技术上不够的时候阿顺还请了我们教技室陆主任做外援。整个视频做得十分大气,我们几个看了之后都觉得特别好,当然为了保持神秘感,这个视频只是在小范围内进行了审核。

  视频看完后,我们想到的自然是要请王维审老师给我们讲话。王老师是我们叙事者望亭团队的大恩人,没有他,自然没有我们团队。所以王维审老师是我们必请的人员。

  紧接着是我们的叙事微故事。先前张丽静让每个人都写了一段跟叙事有关的100字左右的文字,大家写得都挺不错,但是风格不统一,有的是用诗性的语言写了自己的感受,有的是写了一个经历过的小故事。交给我审核的时候,我进行了大刀阔斧的修改。因为我觉得既然是微故事,那就要真实体现我们三年行走中的真实故事,每个成员都有很多故事,我们不可能一一呈现,但是我们可以选择一些突出的也能让人记住的故事来叙说。因此我在她们每个人的原文的基础上加入了很多跟她们密切相关的文字。13人,13段100字以上的文字,怎么来表现呢?我和张丽静、陆顺雅进行了多次商议。全部站在舞台上,时间太长,大多数人干站在舞台上一定很尴尬,所以最后我们确定分站在舞台两侧,轮到的时候就上台讲故事。为了避免从下面走上舞台那段时间的空白,我们提前拿好话筒,一个人结束从一侧下去,另一侧的人拿起话筒边走边说,这样衔接比较紧密,也避免了空场的尴尬。

  我们一直想追求清新浪漫的活动风格,从一开始的时候,张丽静就提出要在扇子上作画来展现一下我们团队的活动,这些扇子既可以布置会场,又可以表演,结束活动后还可以放在叙事者之家进行展示。想法很好,但是我觉得这个活动有点难度。一是选什么样的扇子,二是扇子上谁来作画。张丽静说这个她来解决。于是她从网上淘来了清新漂亮的绸面小扇,扇面是空白的,作画的任务就交给了团队中画画很好的陆婷老师。她一共采购了20把小扇,每一把扇子上都要作画,那可不是一件轻松的活,于是我们还发动美术老师陆丽群和陆婷一起画。画的内容基本是张丽静策划好的,有的是春夏秋冬扇子,意味着我们团队抱团行走的春夏秋冬,有的是跟我们团队温暖绽放、抱团行走、喜获成功相关的内容。扇子画好了,怎么进行展示呢?总不能让陆婷一个人进行展示吧。张丽静请我们学校的朱燕老师和团队的郑敏老师从一二年级中选了8位可爱的小姑娘,穿上漂亮的白纱裙,用走秀的形式进行展示,她们展示的时候,主持人在旁边进行适当的旁白,这样大家也明白这次扇画展示的目的。节目最后,我们的作画才女陆婷上场,牵着小朋友的手走秀退场,这样一个扇画展示就完美落幕。

去年,为了准备在一个活动中诵读,我们每个人写了一段跟叙事有关的诗性文字,最后由曹晓玉老师汇编成了一首叙事小诗。去年12月的时候,我们团队被选为在苏州市德育工作会议相城专场中进行专题汇报,同时也要制作一份表现团队活动的折页,我们也把这首小诗放在了折页封底,效果很是不错。这次三周年庆,我们觉得也有必要进行展示。原先的时候我们是每个人都进行诵读,这次活动考虑到时间,考虑到舞台效果,所以我们选择了5位叙事者进行诵读。

我们团队以读写为主,但是成员们多才多艺,陆婷善作画,陆顺雅善书法。张丽静想到请陆顺雅现场写"温暖绽放抱团成长"这几个跟我们团队息息相关的字。因为8个大字不是一两分钟可以写完的,我们邀请了五年级的周佳妍同学进行古筝伴奏。这样既避免了写书法时间长的单调,又显得特别诗情画意。陆顺雅写的这幅作品由我和小班长张丽静现场接收,以后放在叙事者之家作为装饰。

叙事者是一个严密的民间组织,还有专门为叙事者创作的歌——《笔尖上的花》,我们觉得在三周年庆的舞台上一定要唱一唱这首歌。最初,我们想全体成员一起唱,但是后来想到前面已经有所有成员一起上的节目了,再上不大好,而且我们成员在唱歌上似乎不是太擅长,但是团队里朱春兰老师喜欢唱歌,而且唱得不错,于是任务就落在了她身上。当然只是她一个人唱,真的很单调。张丽静又从高年级调集了部分小叙事者成员,让音乐老师董萌和成员裘静月负责教孩子们唱这首歌。最后大叙事者朱春兰和小叙事者们合唱叙事者之歌《笔尖上的花》。

叙事者望亭团队三周年庆纪念册做好后我们基本是保密的,我们设置了让校领导给叙事者成员赠纪念册的环节,随后再让叙事者给台下嘉宾赠送纪念册。这个环节很有仪式感。

接下来是赠言环节,叶校长远道而来,请他说几句很有意义。阳澄读书会是我们区的一个民间读书组织,我们团队多次参加他们的活动,自从知道我们要举办三周年庆的消息,秘书长王老师就提出要派员参加,他们也有代表要说几句。

最后一个环节是分享蛋糕。做什么样的蛋糕,我和张丽静商议了好久。还是小年轻活络,在周边找了好几家蛋糕店,既要注重质量,又要关注价格,最后选了一家两方面都很合适的蛋糕房。因为我们做的蛋糕有 1 米长,0.4 米宽,必须到现场来制作。张丽静又希望他们按照三周年庆的宣传页面来制作,蛋糕制作师傅很爽快地答应了。我象征性地切蛋糕后,叙事者成员上台分切蛋糕,然后赠送给现场的嘉宾分享。活动将在大家品尝蛋糕中结束。

活　动

中午 11 点半,来自徐州的叶校长团队一行 7 人就来到了我们学校,我陪着他们以及先期到达的王维审老师在校园中逛逛,并且参观了我们的魔方馆。张丽静从前一天下午开始就向交流学校请了假,一直在我们学校,其他成员也从上午第三节课开始全部到位认真准备。活动 2 点开始,1 点 40 分左右,就有人员陆续前来,无论是我们自己学校的人员,还是外校的嘉宾,都被我们创新的签到方式所吸引。大家都庄重地按下了自己的手指,大树上一片片五彩的树叶闪着别样的光彩,很是夺目。来到参观区,我们精美的叙事集、读后感集以及叙事小扇,同样夺人眼球。叙事集的封面都是我们在网上采购了各色的卡纸自己制作的,特别好看。三年,至少 108 篇叙事文,结集成册,每本至少要 10 万字。读后感集每本只有 13 篇文章,虽然薄薄的,但是我们把封面做得特别清新,最亮眼的是封面上的毛笔字,这是阿顺和她的老公共同完成的。我们共读的 30 本书也引来了很多人驻足观望,如果不是共读,很难想象,三年我们能读那么多书。展板和叙事者之家也吸引了不少人前来欣赏。在每一个点位,都有我们的叙事者在引导和解说,工作做得十分细致。

2 点活动准时开始,内容震撼到了很多人,因为那一张张照片记录的都是叙事者走过的三年,那么充满活力,那么富有诗意。叙事微故事和叙事小诗都是我们自己的创作,如果从创作水平上来说,质量肯定不高,但是我们要的是真实,只有真实才能真正打动人。叙事小扇十分漂亮,加上可爱的孩子们的演绎,真的是一道别样的风景。在赞叹节目效果好的时候,我们不得不为陆婷点赞。叙事者之歌朱春兰和小叙事者的配合特别好,听着歌声,脑海中还真浮现出了叙事者们笔尖生花的美好。拿到纪念册,大家都迫不及待地打开,就连我们的叙事者望亭团队成员也不例外,因为为了保持神秘感,之前我们没有公开过。蛋糕也是这次活动的一个亮点,现场制作时就吸引了很多人观看,大家还忍不住举起手机拍下了蛋糕师制作的过程。当蛋糕推到现场的时候,真的很让人惊喜,一是因为它的超长超大,二是因为蛋糕面上就是我们叙事者三周年庆的生动画面,颜色也是清新至极,跟海报很相似。

  整个活动时间一个小时稍微超过一点,完全在我们的预计范围之中。活动在大家分享蛋糕的温馨氛围中结束,一切都显得非常美好。当大家都衷心表达出对这次活动的赞美时,我最想感谢的是我们的小班长张丽静,没有她精心策划,没有她忙前忙后,活动就不可能有那么好的效果。当然我也要感谢我们团队的其他成员,大家有空闲的随时帮忙,有才艺的展示才艺,无论是什么任务,只要叫到她们,总是欣然完成。这样的团队,我真的很是喜欢。活动结束之后和叶校长团队进行的叙事沙龙中,我对我们团队成员的赞美也是溢于言表。

活动之最
最辛苦的人

  张丽静,是我们的小班长,整个活动从策划到准备到进行,她是最大的功臣。有时候真有点心疼这小姑娘,她在外校交流,任教语文学科,既要当班主任,又要当教研组长,我们学校和交流学校都有很多事情要她做,她还有不少的外出学习任务,可以想见,她有多么忙碌。但是只要我一提出想法,她总是毫不犹豫地答应下来,并且总是乐呵呵地去完成。虽然心疼她的忙碌,但是说实话,我还是不停地给她任务。我知道这次庆典的各项工作可不是一件小事,不交给她做,我还真不放心,所以多次嘱咐,要她发动团队成员一起思考、一起准备。为此,我们还组织叙事者望亭团队成员召开专题会议,要求大家心往一处想,劲往一处使,在张丽静的领衔下,全力完成三周年庆典的准备工作。我还提出,资金上学校一定大力支持,人员上有什么需要,学校也一定合理安排。但是整个活动她还是主心骨,一本40页的册子,她花费了不少心血。精心挑选好内容交给广告公司后,她除了不断通过网络和广告公司沟通,双休日,她索性整天待在那儿,和广告公司的工作人员一个细节一个细节地落实。会场上的凳子不是特别亮眼,她从网上去定制白色的座套,知道其中一个厂家在相城区之后,她亲自驱车前往,和老板面对面确定座椅套的规格尺寸,为了省钱,她还和老板讨价还价。会场外、会场内的布置,她都是亲自策划、亲自动手,连桌布的选择她都精心挑选,因为要和整个活动风格相符。展台上需要摆放的装饰小物件,她到熟悉的花店去借,因为要省钱……一桩桩一件件,都浸透着她的汗水和精力。没有张丽静的辛苦付出,就没有叙事者望亭团队三周年庆的成功。

最有才的人

陆顺雅是当之无愧的有才之人。小视频的制作,是她;书法现场表演,是她;叙事者读后感集封面的书写是她。尽管每次接受任务的时候她都会很谦虚地说"我可能会做不好",但是每一样工作都做得很好。

陆婷,文文静静,在那么短的时间内把扇面画得那么漂亮,不得不让人竖起大拇指。

曹晓玉,叙事者小诗是她编辑整理的,有什么文字上的内容需要推敲,张丽静也总会叫上她一起琢磨。

朱春兰,原先准备叙事者望亭团队成员一起进行的小合唱,最后任务落到了她一个人身上。南京出差回来的她得知这个新情况,尽管有点意外,但是天生喜欢唱歌的她还是很乐意地接受。那几天,每天一大早上班之后,就能听到她在练唱。活动现场,她唱得非常动听,也得到了叙事者发起人王维审老师的好评。

最遗憾的事

得知我们叙事者三周年庆的消息,文学博士、教育学博士王克强老师也要前来,还提出准备发言。结果因为学校有教研活动,他又有评课发言的任务,等他完成自己学校的任务赶到我们学校活动现场,正好到最后一个环节——分享蛋糕了。遗憾的是没听到"双料"博士给我们的赠言。

叙事者望亭团队三周年庆圆满落幕,如今回想,点点滴滴都见证了我们的用心,都那么值得记录。三周年庆既有回顾,又有展望;既是前面行走的加油站,又是后面行走的助推器。我坚信,在我们团队每一位成员的坚持下,我们团队行走的步伐一定会越来越坚实,成果也一定会越来越丰硕。

写于 2019 年 4 月 6 日

教育叙事，让成长不期而至

教育行走，只是由张文质和谢云老师发起的一项民间的教师公益研修活动，但是它的影响力之大，我想已经绝非两位老师最初发起时所能完全预料到的。从抱着试试看的心态我一个人参加第二届以后，教育行走已经成为我暑期最盼望的研修活动了。于是第三届、第四届我都带着叙事者望亭团队老师参加。每次参加完活动，我和我的伙伴们总有说不完的震撼，道不完的欣喜。今年，教育行走在苏州举行，对于我们来说真的是一个最好的消息。于是从去年开始，我们团队就约定，今年在家门口的教育行走一定要悉数参加。后来因为名额实在抢手，我们团队只能以志愿者的身份参加这次活动。好在志愿者也能全程参与活动，学习的机会一点也不少，而且还能为家门口的教育行走奉献我们团队的力量，我们还是满怀欣喜的。

教育行走有个传统的活动，那就是利用某一天的晚上进行分论坛活动。教育行走群成立后，群里可热闹了，分论坛申报也十分火爆。其实去年宁波教育行走结束回来的路上，我们团队成员就一直兴致勃勃地计划着今年如何集体参加，我们还说要在破冰晚会上准备一个集体节目，有机会的话我们还可以进行团队展示，我们还要统一定制叙事者望亭团队服装……当时满是憧憬，但是当我看到全国那么多优秀教师为了教育行走的任何一个展示机会都竭尽全力地争着抢着的时候，我有点胆怯了。虽然我们团队有一点积累，也有一点自以为是的成绩，但是一山更比一山高，在全国优秀教师成堆的教育行走中，我们也许根本说不上。再加上我们承担的是志愿者服务任务，将近400名教师的服务工作也一定是比较忙碌的，也怕到时候没时间准备。所以原先的雄心壮志因为我的胆怯，而慢慢消退，人家抢着争着，我们团队只是静静地在群中欣赏，也默默地为着教育行走志愿服务做着前期准备。

有一天教育行走发起人刀哥找到我，问我们团队是否需要承担一个教育叙事分论坛任务。刀哥知道我们团队在做教育叙事，也许是在朋友圈中了解的，也许是我们报名志愿者的时候知道的。主动申请我没勇气，既然发起人主动找到我，我觉得不能放弃这样的机会，再说这不是我一个人的展示，是团队的展示,团队的小年轻很优秀,给她们展示的机会,就是搭建更多成长的平台。于是我毫不犹豫地答应了。刀哥还夸赞我爽快,其实我没敢说正因为我的犹豫,所以一开始都没主动报名,险些错失机会。随后刀哥给我确立了一个分论坛的题目:《教育叙事的意义与价值》,并问我如果可以,就正式公布了。说实话,一看到这个题目,我立马觉得,太大了,有点空。这和我们团队一直在写的实实在在的故事、一直在做实实在在的小事似乎有点不搭。本想提出自己的不同看法,改一个稍微小一点的题目,但是当我看到其他论坛也有类似于这样的题目,比如厦门英才学校吕云萍校长的分论坛题目也是管理艺术之类的,我想也许分论坛题目要定得正规一些,太生活化会显得太小家子气吧,所以我认可了刀哥的分论坛题目。

于是,在做志愿者准备工作的时候,我们开始悄悄准备分论坛的事项,主要策划人是我们的小班长张丽静,她在征求团队成员意见的情况下,拿出了初步方案,随后我和她又进行了一次又一次的商议,最后把活动内容确定了下来。为了让分论坛的现场参与成员也动起来,我们还发布招募分享教育叙事的老师,最后我们确定两位老师参加,一位是来自成都的体育老师黄烈鹏老师,一位是来自江西的廖仲敏老师。两位老师非常认真,多次询问该怎么分享,我们觉得只要跟教育叙事有关,什么内容都可以分享。尤其是小年轻黄老师,先把发言提纲写好后给我看,然后做好PPT,再整理文字稿,做事认真,文字细腻,故事感人。

按照方案,我们的准备也开始了。张丽静先是准备志愿者服装。经过多次商议,我们确定在白色T恤正面放我们叙事者团队成员照片,照片下面标注"叙事者望亭团队"字样,背面就写"遇见叙事,温暖绽放",再配上几只展翅飞翔的海鸥。张丽静觉得,如果放我们团队的真实照片,有点太正式,最后她请人根据我们的真实照片画了一张漫画,漫画抓住每个人的主要特点,看上去像,但又不完全像,留了几分悬念。衣服很快就定制好了,每人两件。当我们穿上定制的衣服徜徉在校园中拍合影的时候,满满的自豪,满满的幸福。我们有专属的衣服啦!我们约定,教育行走期间,我们团队都要穿自己的团队服装出现在会场。

分论坛时间在7月23日晚上,一共10个分论坛,每个分论坛都需要建群。这是五届教育行走分论坛最多的一次,也许因为想展示的人特别多的缘故吧。各坛主为了"招兵买马",在大群极尽宣传,攻势猛烈,很多人招架不住,被"诱感"着进了好几个群,但是因为分论坛活动是在同一时间举行的,人不可能有分身法,所以只能选择一个,大家在群里不停慨叹着,说难以取舍,如果能错开时间就好了。由于分论坛宣传最火爆的时候,我们的主要精力在志愿者准备上,加上苏州人与生俱来的内敛,我们几乎没做任何宣传广告。我们只是根据报名,把那些主动报名的人拉了个群。我们也知道,进我们群的一些老师,还有可能会被其他坛主拉去,因为他们的宣传确实很诱人。我们也担心到时候分论坛会冷冷清清,不过我们要求不高,能有 20 个人左右就可以了,否则人太多,时间不好把控,互动也无法充分。

教育行走开始了,我们一直辛苦地忙碌着。23 号白天,大群公布了分论坛的地点,中午各论坛纷纷前去布置会场。有的论坛准备可充分了,不但布置教室用的物品准备充分,还给每一位参加成员准备了小礼物,其中几个论坛事先还做好了背景。而我们,之前只是准备了活动内容,布置之类的都不在计划之列,但其他分论坛给了我们启示。我们没有事先准备主题背景,但我们有的是人才,我们可以借助黑板来制作活动背景。团队成员经过商议,先构思好框架,随后善画画的就做美工,善板书的就写字。没过一会儿,我们的宣传背景就出炉了。

真的很感谢我们团队那些多才多艺的小年轻们,根据自己擅长的才艺既分工明确,又团结合作。

这里还有个小插曲,宣传背景做好后,我拍了张照片给我们团队的导师王老师看了一下。王老师看到题目,指出太严肃了,不温暖,不吸引人,不能充分体现我们团队的风格。于是我觍着脸请王老师指导。王老师一直是我们最好的导师,我们团队的成长倾注了他很多的心血,于是他给了我们几个建议,最后我们确定了《教育叙事,让成长不期而至》。我们都很喜欢这个标题,这也跟我们团队以及团队的每个人密切相关,于是我们迅速修改。

自我介绍结束,我开始分享叙事者望亭团队成长的故事。因为都是自己亲自经历的事情,我们团队三年以来可讲的事情真的很多,所以讲着讲着就"刹不住车"。但是时间不允许,我也只能讲个大概。

随后是张丽静分享我们三周年庆的事情。4 月 2 日我们举行三周年庆,这一定是我们团队历史上永难磨灭的一笔,太让人难忘了,留给我们太多太多美好的回忆。

虽说是我们团队的展示,但是我们也想把更多的时间留给其他成员,毕竟来参加的都是教育叙事的爱好者,他们都有很多值得我们学习的故事需要分享。黄烈鹏和廖仲敏老师是之前我们就确定的,我们给他们定的时间是10分钟,两位老师讲得都很精彩。黄老师是一位工作两年的年轻体育老师,但是他善于发现,善于记录,那些在他体育教学中出现的故事都成了他津津乐道的话题。真是一位让人敬佩的体育老师!所以我们的主持人说他是一位胜过语文老师的最会写叙事的体育老师,也笑称,今后看谁还敢说"我的××学科是体育老师教的"。廖仲敏老师是一位成熟型老师,自己的文字相当了得,也是《教师博览》的签约作者。她喜欢文字,所以曾有机会出走教育,但是她喜欢教育,所以拒绝外界的诱惑坚守课堂,用自己老道的文字记录着教育教学的点点滴滴。她的分享风格也十分沉静,时时透着理性的思考。廖老师的分享干脆利落,给我们省下了一点时间。照理说应该进入脑力激荡的环节了,这是我们精心准备的围绕教育叙事的游戏,每个人都有机会进行临场展示。但是,还有两个人要进行分享。一个是我们江苏的许小兰,之前她找到我,说8月有个论坛,要她进行分享,她想先在我们的论坛练练,让我们给她提提意见,随后她再修改。尽管我们的两个名额已经用完了,但是许老师的请求我不忍拒绝,于是跟她约定了10分钟以内的限定时间,许老师说她8分钟左右就够了。轮到许老师分享,虽然超过了10分钟,但是在我们提醒后也很快结束了。还有一位河南的陈伟华老师,这是完全在意料之外的。论坛开始他找到我,说他也想分享。我说我们没有名额了,要不可以在脑力激荡的时候进行分享,但我告诉他,脑力激荡时间只有两三分钟。陈老师坚持要求给他机会,说他真的十分想分享。看着陈老师这么强烈地坚持,我想后面的脑力激荡就少选几个讲,还是给陈老师一次机会吧。陈老师讲的是童话,一个高高大大的中年男人,讲起童话,讲起孩子,满眼放光,确实很让人感动。但是陈老师一讲就刹不住车,我不停看表,超时了,下面的环节还要进行呢。提醒陈老师,他说再给一点时间,再提醒,还是无法结束,我们那个着急啊!最后我们只能很不礼貌地打断他。因为与送到住宿地的大巴司机约定的时间快到了,我们团队的成员还要前去完成跟车任务。陈老师显得很无奈,其实我们更是不忍,更是无奈。后面的环节真的太仓促了,大家写下了关于教育叙事的几个关键词。还没等到我们从中抽取进行随机分享,一直驻守我们分论坛默默为我们拍摄视频和照片的农夫阿矿老师提出还要拍合影,不能再进行分享了,我们真的觉得很遗憾。当然我们的主持人也没忘记介绍超时成员的"惊喜",那就是表演一个节目。因为时间关系,有点草草收尾。所以论坛结束回家,我让张丽静到学校去取了20来本我们叙事者望亭团队的成长册子,在群中公布,先报名先得,既是对我们没能很好把控时间,没能让更多人分享表示歉意,也算是我们团队送给大家的一个小小的礼物。

平时,我们也会举行各种各样的论坛,但是大家都很清楚,论坛往往只是几个指定的人员发言,轮到互动的时候,往往不是很积极,主办方还要担心冷场。但是在我们这样的论坛,我只能慨叹,大家发言的积极性实在太高了。

我们论坛的主题是"教育叙事,让成长不期而至",其实,不光我们的内容讲的是这个,就论坛中成员的积极表现,哪个不是充分体现了这一点呢?教育叙事,让成长不期而至,这就是教育叙事的魅力。

写于2019年9月7日

感恩有你,我的叙事者伙伴们

五一小长假最后一天是立夏,也是叙事者望亭团队举行线下活动的时间,我们来到了美丽的冯梦龙村。在冯梦龙书院,我们按照之前的策划,围绕立夏主题一项一项有序进行,活动十分顺利,也特别有意义。

这次活动13人全部到位,很不容易,因为其中有好几位都是哺乳期的妈妈,有的还在产假期间。

冯梦龙村是新兴的乡村旅游好去处,平时踏青玩赏的人很多。活动策划时,我曾提议活动结束后大家可以自由游玩,如果感兴趣大家还可以AA制聚餐。但是小组长说,有的组员只能安排出来2~3个小时,因为家里有嗷嗷待哺的奶娃。确实,这两年团队成员陆续结婚生子,年轻妈妈特别多,哺乳期的就有好几个。但是让人自豪的是,我们团队成员无论是结婚还是生子,都不落下任何一次成长作业,这在我最初的设想中是从没有过的。

结婚是人生中的大事,有很多事情需要准备,教师平时又比较忙,只能利用双休筹备,即使婚礼,也肯定是在双休,而我们的成长作业就是在双休提交的。

这在一般人的想象中肯定是有冲突的,于是我们很自然地想到,结婚落下几次作业,也是情有可原的。但是自叙事者望亭团队成立以来,我们团队中从没有人因为结婚而落下作业。那是因为我们的丹萍大婚当天清晨在被窝中完成当周作业,给了其他小年轻们很好的榜样引领作用。

结婚坚持完成成长作业让人赞叹,但是临产、哺乳期完成成长作业更让人敬佩。谁都知道,怀孕的妈妈是很辛苦的,如果碰到孕期反应严重点的,更加不容易。教师工作不同于其他行业,一般都要坚持到临产,工作压力加上孕期不便,艰难是可以想见的。生孩子更是女人一生中最重要也是需要经历很大痛苦的事情,也许因为这些,所以才会有传统的坐月子的习俗吧。按照老人的说法,坐月子的女人禁忌很多,不能碰生水,不能吹风,不能多用眼,不能多说话……坐月子期间的女人确实特别虚弱,稍有不当就可能落下让人后悔不已的病根。升级为奶娃的妈妈后,各种忙碌那就更不用说了。怀孕生子这种最特殊的阶段,我们团队也没成员落下任何成长作业。曹晓玉是我们团队成立以来第一个做妈妈的,她的孕期反应又特别严重,由于家人不在苏州,孤身一人租住在学校附近,什么事情都得自己去做,但是她依旧克服困难,坚持读写。她生孩子以后,我们也提出坐月子期间,她可以停交作业,但是她说假期待产期间,她提前写好了每周叙事和读后感,她会准时上交的。也许很多人会说,值得那么拼吗?曹晓玉说,她怕自己停下了跟不上大家的步伐。确实,做什么事情都贵在坚持,因为一旦中断,往往很难再续。曹晓玉是个特别要求上进的女孩,正因为她能在艰难中作出正确选择,所以今日的她成长迅速,已经让很多老师难以望其项背。也正因为曹晓玉的榜样作用,影响了我们团队的其他新手妈妈,从那以后,团队成员怀孕生子不落作业已经成了大家默认的规则,而这从没有人去刻意强求。

处在叙事者团队中,我一直被她们深深感动,真的从心底里发出最真诚的声音:感恩有你,我的叙事者伙伴们!

写于2020年5月23日

致敬哺乳期的叙事者妈妈们

完成每周一篇叙事、每月一本经典阅读并撰写一篇读后感是我们叙事者望亭团队雷打不动的成长任务，团队成立四年来，从最初的逼迫，到如今的自觉，其间伙伴们的成长是令人欣喜的。最令人感动的是，为了完成这些成长作业，伙伴们身上发生了很多感人的事情，尤其是在结婚、生子这种人生关键时刻，她们的坚持让人肃然起敬。除了以前写到的曹晓玉和曹丹萍，我们团队还有很多可以值得点赞的伙伴呢！

这学期阿顺、青青、老宋、小汤都在哺乳期，新加入的潘梦婷也在哺乳期，立夏那天，这些新手妈妈都克服困难准时赶到冯梦龙村参加了我们两月一次的线下活动，让我不得不为她们这些新妈妈点赞。

阿顺目前还在产假期间，她生的是龙凤胎，现在一个孩子都会让一大家子忙碌不堪，何况两个。生孩子前，考虑到一旦生了，可能没什么时间看书和写作，所以阿顺在生产之前备了一个月的博客量，并把接下来两三个月要看的书看完并写好了读后感。习惯了每周写一篇叙事、每月读一本经典并写读后感，一下子要增加读写的频率，不下决心肯定做不到。怀着双胞胎的阿顺硬是做到了，真的为阿顺的毅力点赞。

单胎家庭的孩子出生之后，至少有两个大人带，阿顺的双胞胎出生以后，常常是她和自己的母亲一起带，她说忙碌的程度是先前怎么也没有料想到的。在最开始的一个月里，她基本上每天只睡三四个小时，所以也很少有时间好好写作。但叙事者的事情一直她放在心上，之前准备的一个月的博客量用完之后，她得继续按时完成成长作业。于是一有点空的时间，她就在手机上记录，孩子哭闹了，自己困了，随时会中断，等到下一次，她又继续。如此循环，所以她说这阶段的叙事比较零散，因为都不是一气呵成的。还有几次，凌晨三四点的时候，阿顺起来喂奶，于是一边喂奶一边在手机上写博客。在没有经历过的人看来，这一切似乎是不可能的，但是却真真实实发生在我们的叙事者阿顺身上。带娃是辛苦的，但是在这么辛苦的情况下，阿顺想方设法完成自己的成长作业，这样的经历无论是对她还是对其他人，都是一种不可多得的财富。相信阿顺的龙凤胎孩子长大以后知道这些，也一定会以自己的妈妈为荣的。

  作为姑苏人才，我可以申请项目资金，于是我申报了自己实实在在参与的叙事者项目，通过层层考核答辩，顺利申请到了一笔下拨资金，于是我们准备出一本团队专著。这就需要大家按照要求从以往的文章中选择相应的文章修改并上交，这是必须坐在电脑前静静找、细细改的事情。接到任务后，阿顺只能让自己的妈妈一拖二，随后自己用最快的时间去完成任务。有时候她妈妈实在兼顾不了，她只能手里抱着奶娃，在电脑前做事。一对双胞胎，外婆手中一个，妈妈手中一个，而怀抱奶娃的妈妈还在电脑前专心致志做事，这样的场景对于阿顺来说一定是最难忘怀的。当我们的团队专著面世的时候，孩子也许已经能够听懂妈妈说的话，那时候阿顺可以骄傲地对双胞胎儿女说，这本书是妈妈抱着你们在电脑前完成的！

  宋宏玉老师家在临近的无锡，她又不会开车，每天上下班都是在高新区上班的先生接送，怀孕期间每天得赶那么多的路也真的不容易。怀孕初期，又恰逢区劳技评课选优，虽然她是语文老师，但综合考虑下来，我们还是推选她参加比赛。因为刚接触劳技，有很多不懂的东西，她需要反复练习，还得自己做微视频，所以每晚都琢磨到很晚。有几次，她老公等她都等到靠在床头睡着了。她没有像一般人一样的孕吐，她说这也许是宝宝对妈妈的一种鼓励。宋宏玉老师孕期参加赛课，但从没落下成长作业，为她点赞。

  宋宏玉老师在怀孕中期，由于激素的变化，导致智齿发炎，甚至严重出血。因为有宝宝，不能吃药，医生说只能硬扛，那段时间她吃得很少，经常用手托着脸才舒服点，人瘦了几斤，但是没有停下读书写作。她调侃说，牙疼不影响看书和写作，相反可以转移注意力，这样就不会去关注牙齿的痛了。写叙事还可以减轻牙痛，多么可爱的宋老师。

  怀孕后期，她每天出去散步，经常和老公聊聊学校的事情，无意间也整理了每周叙事的素材，她说这是意外收获。后来脚肿腿肿了，散步就少了，她在家就多看书，寻找写作素材。共读《等待绽放》那本书的时候，她会不自觉带入自己准母亲的角色，思考以后会怎么教育自己的孩子，和他怎么相处。她还暗自欣喜呢。

  临近预产期了，办公室老师都劝她回家休息好好待产，但是她坚持到学校上班，她说跟学生多接触，比在家有意义得多，有教学才有思考，叙事也更有素材可写。不管何时何地，她始终想着叙事，叙事者的影响真的太大了。

预产期过了，宝宝没有如约降临，她想可能随时会生产，所以就提前把那周的叙事构思好，周五就发了博客，结果周日，宝宝就出生了。

生宝宝之后，她每天就在喂奶、哄睡、换尿布中度过。每天从晚上开始的12个小时不是在睡梦中度过，就是继续做着挤奶、哄睡、喂奶、换尿布这些事。宝宝出生是周日，第一周过去了，适应了新手妈妈的生活节奏，身体也恢复得差不多了。半夜，怕吵到宝宝睡觉，她就跑到卫生间挤奶，挤完奶也没了睡意，凌晨四点多在卫生间完成了生完宝宝的第一篇博客。那还是在月子期间啊。宋宏玉老师真的不容易。

宝宝不爱睡觉，白天都要抱或者陪玩，宋宏玉老师很少有时间看书写作，所以只有宝宝睡着或者晚上才行。有时有点灵感，写了一些，宝宝又醒了，就保存在草稿箱，有空继续写或者修改。一篇文章很少像之前那样能一气呵成了，所以平时有灵感就会下意识地在备忘记一下，写博客的时候看看就能想起当时的心境，继续写作。为了写叙事，我们的宝妈真的想尽了办法。

2018年9月，汤舒雯老师成了一位幸福的新娘。那一天，透过镜子，她自己看到的是那个边化妆边在手机备忘里写"作业"的一身红衣的新娘。两年后的今天，说起这事，她甜蜜中依然透着自豪。结婚不忘写叙事，她说是老曹剖腹生产依然提笔写叙事、丹萍大婚当天交作业给她的榜样示范。

怀孕初期，因激素变化导致妊娠剧吐，怀孕4个月，她瘦了11斤。妊娠反应让她身心俱疲，每天最期待的就是睡着，睡着了就不难受了，当时她是早上一睁眼，就开始盼天黑。但她某天突然有了个神奇的发现：又是一个要交作业的周末，早上起床开始她就在构思要写点儿什么，然后就在手机备忘录里列提纲、写段落要点，时间变得很快，等到重新闲下来的时候，叙事写好了，没想到每天惯例最难挨的孕反时间也过去了。她说《西游记》里有悟空为唐僧画圈作保的情节，有趣的是，叙事，好像也为她画上了这么一道圈，一道让她在这段人生的特殊时期里，能暂时忘记痛苦的"舒适圈"，她欣喜万分。真没想到，叙事在小汤身上还有这么神奇的功效。

沈青青，父母不在身边，所以生孩子之后如果不回娘家，照顾孩子的重担就得落在她们小夫妻身上。那天立夏开展线下活动，她们一家三口一起到冯梦龙村，她在参加活动，丈夫在车里领着孩子。我们提议拿点自制美食给她丈夫尝尝的时候，她说得把孩子先抱过来，因为孩子还不会单独坐着，丈夫要尝美食，就没办法抱着孩子。考虑到生孩子之后没时间写博客，她也是提前把叙事写好并发到博客上,但没有设置定期发送,结果学校教科室在评优秀博客的时候,她落选了,因为她没按照每月至少两篇原创的要求上传。她以前一直被评到优秀博客,这次没评到,她有点难为情。但是我告知她,这是个小误会,对于我们叙事者来说,坚持那么久每周完成作业,也有那么多文章发表,一次没评到根本不用在意。

做了妈妈后,青青看的书更多了,因为她觉得只有看更多的书才能更好地育儿。所以坐月子期间,她也没落下读书写作,因为她觉得做家长要看书,做老师更要看书,老师不读书不写作真的有点可怕。但是产假期间,她也有烦恼,因为在家没有学生,就没有案例,所以写叙事也有点困难。看来每天的教育教学生活真的是老师们写叙事的沃土。

潘梦婷,刚加入叙事者望亭团队。考虑到我们团队的学科门类需尽量齐全些,通过综合考评,我们想邀请她加入。知道她孩子很小,也在哺乳期,又怕她对我们的叙事者规定不适应,所以先征求她意见。她一口答应,最开始在我们小群跟着写了几次作业,很认真,于是立夏线下活动的时候举行了正式的加入仪式。如今一个多月了,她完全融入了我们的团队,相信这个新手妈妈也会越来越出色。

我们团队的成员,即使结婚、孕期、产假也不停作业,这已经成了惯例,但是我知道,这对她们来说是很不容易的,我从心底里感激她们、尊敬她们、赞美她们。

汤舒雯曾经说过,叙事者妈妈的一双脚,承受的是两个人的重量。叙事者妈妈的一支笔,连接的是13人团队的齐心。与其说在等宝宝来的十个月里,不停读写是一种坚持,不如说妈妈们是不想错过叙事者每一点每一滴的美好。

可爱的小年轻们,正是因为有了结婚、孕期、产假都坚持读写的你们,才造就了叙事者的更多美好,我们的叙事者队伍也因为有了你们,才有了更多的芬芳。致敬可爱的哺乳期叙事者妈妈们。

写于2020年6月6日

故事里的专业阅读

解读"自卑"这把双刃剑

——读《儿童的人格教育》

《儿童的人格教育》的"出版说明"中有这么一句话:"正确的教育是我们的幸福,而错误的教育是我们的痛苦和泪水,也是我们对社会和民族犯下的罪过。"这里的教育泛指家庭教育、学校教育和社会教育。这句话并不仅仅指学校教育,但是作为教师,也许更为敏感,因为我们跟孩子接触的时间是最多的,我们感受过教育带来的幸福,我们也目睹过教育带来的痛苦和泪水。我们都希望更多地拥有幸福,减少痛苦和泪水,但是怎么能做到呢?很多时候我们发现,家长认认真真、老师兢兢业业,可是孩子却出现了很多意想不到的问题,苦思冥想找原因,终无收获。我们困惑,我们担忧,这到底是怎么啦?我们觉得越来越无法理解孩子,我们走不进孩子的内心深处。读心理著作,学心理知识,能帮我们解惑吗?带着这样的渴求,在"叙事者"团队的引领下,我开始了阅读之旅。

"自卑而超越"是阿德勒教育思想的核心。以前,一直觉得"自卑"就是一个带有贬义的词语,孩子一旦跟"自卑"有关,似乎就变得不阳光了;成人一旦跟"自卑"有关,似乎就有点萎靡不振的感觉。读了这本书才明白,所有的儿童都有一种天生的自卑感,它能激发儿童的想象力,能激励儿童尝试通过改善自己的处境来消除内心的自卑感。所以适度的自卑感是一种普遍的正常现象,它是个体追求优越和完美的动力。同理,自卑感对成人的激励也是一样的。细细回想,还真有道理,也许每个人小时候都有点自卑感吧!那时候,看到自己的成绩不如别人,我心里总会有点不高兴,甚至一直想:要是我能和他们一样该多好啊;因为几元学费交不起而一直被班主任催交,那时候总想:要是我和其他同学那样早早把学费交掉该多好啊!现在想来,那既是一种羡慕,更是一种自卑。不过这种自卑并没有让我过度悲观,而是激励了我。虽然那时候是无意识的,但从小我就特别要强,上课我总想比别人表现得更好,课余我总想比别人更懂事。慢慢地,我得到的赞扬越来越多,先前有的自卑也因为处境的改变而消失了。在以后的成长中，我也总会有这样那样的失落，但我总在不断超越：学习上，我以成绩的优异来弥补；工作上，我以业绩的突出来补偿。直到现在，我的自卑感还在。上次文化设计公司专家来我校，对我进行了长达两个多小时的访谈，访谈结束，她就很明确地告诉我：我有自卑感。其实我没意识到，但是被她这么一点破，回想我的心路历程，还真有，我总觉得很多地方不如别人。当时还为自己的自卑感而略有烦恼，一个校长有自卑感，似乎在告诉别人：我能力不够，没办法很好管理这所学校。于是我告诫自己一定要自信，但似乎也没找到更好的让自己自信起来的方法。读完这本书，我反倒坦然了很多，适度的自卑并不是坏事。正因为我一直处在一定的自卑之中，所以我也一直在寻求超越。最近几年无论是我自己，还是学校，都有了比较大的变化，外界对学校的评价也越来越高，我想这也是因自卑而不断超越的结果吧。如果我一直觉得自己做得很好，甚至觉得有些方面已经走在了前列，也许反而失去了超越的动力吧。

　　适度的自卑是好事，当然这种自卑感过于强烈，从而形成自卑情结，就是一种心理问题了。读书的时候，曾经有一位同学，中途退学了，后来听说他精神出了点问题。想想他一直那么认真，但是成绩总是上不来，现在想来也许就是过于自卑而引起精神问题吧。现在我们学校中，有很多特殊孩子。其中一个孩子，父母离异，母亲不管不问，父亲又长期在外，靠爷爷奶奶抚养，而爷爷奶奶又特别溺爱孩子。现在这个孩子基本无法管束，任何人的话都不听，他想怎么干就怎么干，学校、老师、家长都伤透了脑筋。说真话，我们一直觉得那孩子不可救药，甚至觉得他就是故意和我们作对。孩子在教室待不住，我们发现他不见了，就全校寻找，找到后教育一番；他在教室欺负同学，老师发现了及时制止，随后仍旧是教育一番；人家在大课间玩跳大绳，他跑过去捣乱，老师发现了，制止他的捣乱行为，照旧是教育一番。但是一次又一次的教育都不起作用，他总是显得一点也不在乎。老师一转身，他继续做那些让大家"深恶痛疾"的行为。大家都感到了无能为力，但是我们还真没深究过为什么。现在想来，那孩子是不是因为父母离异，缺少父母的关心而变得特别自卑，进而形成自卑情结，最后自暴自弃，用各种令人讨厌的方式来获取别人的关注呢。指责孩子的不懂事，指责爷爷奶奶的不配合，并没有给这孩子带来丝毫的改变，有时候孩子的表现甚至有点变本加厉的感觉。是我们的想法错了，从而也导致了我们的教育方法的错误吗？那该怎么改变呢？从根源上找原因，找到他自卑的原因，然后给予他更多的关怀,改变他不利的家庭环境带来的影响会有用吗?不管怎样,还是得试一试啊!能改变一点就一点吧,因为这孩子真的让人感受到了痛苦和泪水。

阿德勒还指出,惩罚只能加剧孩子认为学校不是他理想之所的想法。如果他被学校开除,或者被要求让父母将他带离学校,他会正中下怀。这一点我们似乎都没有特别关注。遇到"问题儿童",我们老师总会尽心尽力地引导,苦口婆心地教育,但是当这一切没能让孩子改变的时候,我们唯一能做的就是把家长叫来,让家长把孩子带回去。我们觉得家长把孩子带回去了,教室清静了,老师省心了。当然我们还期望家长的教育能让孩子有所改变,我们甚至还期望让家长带孩子回家会让孩子感到没有书读而害怕,从而变得遵守纪律,不再做出那些令人讨厌的行为。事实上有用吗?阿德勒明确告诉我们,那是没用的。上面所讲的那个孩子,他满校园乱躲,全校搜寻他是常事,我们不许他乱走,派学生看管他,可是一不留神他又不见了,而且是乐此不疲。我们让家长带他回去,但是丝毫没有作用,过了一天,家长送来,他依然如此。看来我们的做法反而让孩子感到了捣乱的好处,进一步加剧了那孩子行为的变本加厉。

"自卑"是把双刃剑,它能让人超越,也能让人自暴自弃。读阿德勒,用心理学的观点来解读孩子的自卑,兴许能让孩子有所改变。当然一本书不可能很快改变我们面对的"问题孩子"的现状,但是有了这些心理知识的指导,多多少少让我们在迷雾中看到了些许的光亮。我们慢慢去摸索,但愿也能慢慢地得到改善。

写于 2016 年 3 月 31 日

一心一意做一件事情，天意也为之所动

——《奇迹学校：震撼美国教育界的教学传奇》读后感

《奇迹学校：震撼美国教育界的教学传奇》(简称《奇迹学校》)读完了，我很投入地读，读完一遍还想读第二遍。掩卷沉思：是什么吸引着我呢？脑海中反复回味着书中的内容，是黛博拉这个传奇人物，没错，就是黛博拉。书名叫"奇迹学校"，其实黛博拉本身就是个奇迹，这位失去了挚爱丈夫的三个孩子的年轻母亲创造了令人难以置信的奇迹。读书不算多的我有个毛病，无法引起共鸣的书我很难读下去，有时硬着头皮读下去也是无法留下很深印象的。但是读《奇迹学校》，我没有读不下去的感觉，相反，读了一章还想读下一章，因为黛博拉这个主角牢牢地吸引着我。明明知道黛博拉一定是顺利克服了所有的困难才创办"奇迹学校"的，但是读书的时候，还是会全然抛却结果，忍不住为她下一个面临的问题而担忧。也许这就是产生了共鸣吧。

黛博拉，一个特立独行的女子。读高中时，父母曾担心她太严肃认真，所以鼓励她去参加其他活动来放松自己，从而得到全面发展。为了回击父母的劝说，她写了一篇题为《儿童全面发展的神话》的社论，其中就主张"一心一意地做一件事情而不是参加各种各样的学校活动"。对于参加各种各样的活动能不能促进儿童全面发展，我们不去讨论，最吸引我的是黛博拉"一心一意做一件事情"这个观点。黛博拉开办的"哈莱姆"学校被称为"奇迹学校"，也许更多是因为这所学校取得的令人瞩目的成绩的缘故，是因为美国总统亲赴她的学校后呼吁全美学校都应以之为楷模的缘故，但我想说的是，黛博拉成功申请特许学校才是真正的奇迹，是她"一心一意做一件事情"创造的奇迹。

一个叫克里斯托夫的男孩关于"社会不公平，对现实丧失希望"的话语激发了黛博拉的大爱之心，她觉得该把自己失去挚爱丈夫的悲伤放到一边，去做些自己力所能及的事情，去帮助像克里斯托夫一样的孩子们。于是她加入了爱迪生学校。但是深入实践后，她发现"教育的重点不在于开发产品，而是培养教育人才"。而无论是一般的公办学校，还是爱迪生学校，都没办法做到这一点。于是她毅然决然地准备创办自己的学校。

这是个怎样大胆的决定啊？单身女性，没有积蓄，三个入学的孩子，没有想过具体要做什么或者怎么做，只有一个强烈的愿望，那就是要创办自己的学校，拯救像克里斯托夫一样的孩子。不难看出，是"一心一意做一件事情"的信念支撑着黛博拉。

她把家里的地下小游戏室开辟为办公室，苦思冥想接下来该做什么，在无头绪的情况下出去跑步，并用广告语"想做就做，只管向前，不要回头"激励自己。跑步中得到接下去该做的"资金和特许权"的灵感后，才正式开启创办学校之路。此时再次回顾书中的这段历程，我还欣赏黛博拉的疯狂，那种"一心一意做一件事情"的疯狂。

自己的地下小游戏室可以当办公室，但是名片上不能写家里的地址，于是将朋友哈里特的公司地址借用了过来；希望认识潜在的资助人，决定参加在亚特兰大举办的"教育领袖会议"，是父亲资助的两千美元成为参加此次会议的全部资金；为弥补教育盲点，订购几十盒以前举办教育会议的录音带，希望了解更多教育方面的信息。只有一腔热忱，但不知道怎么做的黛博拉就是这么一点一点开始起步。功夫不负有心人，在几十盒教育会议录音带中，她发现了开办第一所特许学校的唐·夏尔维。于是她如获至宝，征得同意后，准备了 55 个问题飞赴加州面见唐·夏尔维。一周的观摩让黛博拉信心大增，因为她知道，在美国，还有人和她一样在为建立一种新的教育体制而奋斗，也使她看到自己的梦想是有希望实现的，她也不再感到孤独。

通过参加"教育领袖会议"，她认识了"新学校创业基金"的史密斯·金。虽然因为时间原因得到启动资金的希望很渺茫，但是她仍旧在努力，而且她知道接下来要做好的准备工作：拥有一个创业团队、策划商业计划、申请到特许权、获得潜在投资者的名单。在亚特兰大候机时看到的一本书让她认识了通用电气总裁杰克·韦尔奇，他的观点"让人才成为你的核心竞争力"激励了黛博拉，也让她坚定了要用这一套理念来管理自己的学校的信念。

在资金迟迟得不到落实的艰难困境下，和盖茨基金会的汤姆的会见让事情有了一点希望。然而汤姆告诉黛博拉的三件事又让她的希望几乎归零：一、汤姆从未投资过尚未创办学校的人，黛博拉白手起家，自然不符合要求；二、汤姆还未在没有中介的情况下投资过纽约的创业者，"新学校创业基金"可以成为中介，但是他们本身也在申请盖茨基金，通过他们再得到盖茨基金的可能性太小了；三、他只投资高中，而黛博拉计划从幼儿园做起。虽然希望几乎破灭，但是不屈不挠的黛博拉不断向汤姆讲解"以人为本"的策略和她对教师们的充分信任。让人欣喜的是，汤姆在最后时刻终于松口，他想资助黛博拉创办学校。真是一个意想不到的惊喜！不难看出，正是黛博拉不放弃、一心一意做一件事情的毅力才使原本希望为零的事情有了新的转机。

随后的日子里，黛博拉参观美国最好的、也是克林顿女儿和奥巴马女儿就读的赛威尔友谊学校，这学校"培养学生秉承那些永恒的价值观，如朴素、服务和关爱"的核心理念让她大为欣赏，她的梦想就是让自己的学校达到这种水平。因为黛博拉还没资格成为受助人，所以在汤姆召集的受助人大会上，黛博拉仅仅以受邀嘉宾的身份参加，就是在这次会议上，她又结识了美国教育界的巨星：拉里、丹尼斯，他们的办学思想对黛博拉的启迪又是难以估量的。于是在反复打磨下，黛博拉有了自己学校的办学愿景：学生们全身心地学习，论文、学术难题和试验之外的世界仿佛都离他们很遥远。他们在学习中付出汗水，感到疲倦，却充满成就感。他们很自觉地把作业带回家去做，不是因为那是作业，而是因为他们觉得自己的任务还没有完成，不能置之不理，他们必须解决那些难题。

紧接着黛博拉必须完成三项任务：1月，老比尔·盖茨要检查她的商业计划；3月初，要完成特许申请表；马丁·路德·金纪念日后，要向"新学校创业基金"做汇报演示。每个任务都不许有半点差错，因为只有得到盖茨基金或者"新学校创业基金"的投资承诺，特许申请才有可能被审批通过。黛博拉不断请教，所幸得到了很多人的无私帮助。塞曾是持有独特见解的学区主管，他给黛博拉指导了如何应对纽约市复杂的教育政治机构；汤姆让她决定了向纽约州立大学而不是纽约州教育厅申请特许权；鲍勃告诉她纽约州认可程序尤其严格，并告知了具体的申请事项。要在期限之前完成所有工作，真的难以想象。更要命的是还要确定教学楼，好在熟悉房产的邻居大卫主动提出为她解决教学场地。黛博拉没日没夜地工作，几乎忘却了家庭。女儿长大了，需要添新衣服的时候，才发现信用卡刷不了了，她陷入了家庭经济危机，是大卫的借款让她暂渡难关。

随后，黛博拉和她的临时工作团队疯狂地工作，终于完成了特许申请书，成百上千张纸装了好几箱。当然要想获批，必须获得"新学校创业基金"或者盖茨基金的资金承诺书。在关键时候，"新学校创业基金"拒绝资助黛博拉的学校，只是将她的项目列为资助候选。唯一的希望就是盖茨基金，尽管汤姆曾经说过要给黛博拉资助,但是没有承诺书,一切都是空。黛博拉再次请求见汤姆,并且一个劲儿向汤姆表达她是多么希望想办这所学校以及她自己对学校的设想。她告诉汤姆,她等不到明年了,她迫切希望创办"一切为了孩子的学校"。

资金承诺书还没拿到,但纽约州立大学特许委员会的面试开始了。面试结束,黛博拉的申请书得到了高度的评价,但是因为资金没有落实,眼看一切都将成为泡影。说真的,看到这儿,我的心都提到嗓子眼儿了。黛博拉付出了常人难以想象的艰辛,此时万事俱备,只欠东风,要是资金问题真的落实不了,那该是多么大的遗憾啊!如果老天有眼,这样的黛博拉也会感动老天的。难道黛博拉就感动不了盖茨基金会吗?不,在关键时刻,盖茨基金会传真来了资金承诺书。整个房间沸腾了,每个人都为此鼓掌,并表示对黛博拉的祝贺。

这样的结局似乎很有戏剧性,但我更想说这是黛博拉一心一意做一件事情的必然结果。这时候黛博拉在日记中摘抄的一段关于使命感和天意的话是那么能够说明问题:

> 当一个人坚定信念要做一件事情时,天意也会为之所动。为了帮助这个人实现他的目标,一些不可能发生的事情发生了。从他下定决心开始,会发生各种事件。他会出乎意料地遭遇一些事,遇到一些人,并且得到物质上的帮助,一切对他都是有利的,尽管没有人想过这些事情会发生。不管你能做什么,或者想做什么,就动手去做吧!勇敢的心会让你得到才能、力量和魔力。

不得不说,黛博拉创办的"哈莱姆"学校取得的辉煌成绩成就了她,使她家喻户晓,成了美国最有影响力的教育先驱,成了全美最杰出人士之一,而最震撼我内心的是黛博拉申请特许学校的艰难,黛博拉一心一意做一件事情的毅力,让我对她肃然起敬。人生在世,要做事情,总会遇到很多的艰难险阻,很多时候,我们会有畏难情绪,于是我们会选择放弃。但是黛博拉的办学历程告诉我们,天下真的没有做不了的事情,当我们坚定信念做 件事情的时候,连天意也会为之所动。

写于 2016 年 7 月 31 日

"力不足"是缺乏勇气

——读《论语别裁》有感

历经两月,读完了《论语别裁》,深深觉得这就是一本教我们做人做事的书。而这样的书,往往会给人说教的感觉,会让人觉得很枯燥,很难读。事实上,这本书并没有想象中的难读,也没有想象中的无趣,南怀瑾老先生旁征博引,让我大开眼界,既了解了很多历史人文和故事,也在体验中国传统文学滋味的同时,获得了阅读传统经典的别样乐趣。

翻开两大本书,重读圈画了自己感觉很有意思的话语,很自然地跟自己的学习生活联系了起来,真的别有一番意味。

论语中的很多语录都是孔子教导别人做人做事的,教导弟子的尤其多。孔子弟子三千,其中贤弟子七十二,冉求就是七十二贤弟子之一。关于学问,冉求如是说:"非不说子之道,力不足也。"

冉求对孔子说:老师,你不要骂我们,老是说我们不努力。我们对于你的学问非常景仰,只是我们做不到,力不能及。

孔子是万世之师,他的学问他的为人一般人自然无法企及。孔子按照自己的标准来要求弟子的话,自然无法满意,也会觉得弟子们"不努力",甚至"骂"弟子们。其实,冉求也是告诉孔子:老师,你这样的做法是不对的。

按照我们现在的想法,冉求的话还是很有道理的,孔子确实有点苛刻。那么孔子又是怎么回答的呢?

"子曰:'力不足者,中道而废。今女画。'"

孔子说:你这话错了。做了一半,无法克成其功,这是力量不足的缘故。可是你根本还没有开始做,怎么知道无法做成呢?你冉求自己把自己划在一个界限内。

孔子的回答直截了当,不给冉求任何回旋的余地。他很明显地指出:你不管做不做成功,只要你肯立志,坚决地去做,做到什么程度算什么程度,这便是真正的努力。现在你自己划了一个界限,还没迈开步走就先认为自己过不去,这不是自甘堕落吗?

按照南怀瑾老先生的解释,孔子对学生的批评是非常严厉的,甚至把认为力不足而不敢尝试看作是自甘堕落。当然孔子这是为了激励自己的弟子要立志,要迈开大步大胆去做。

读到这一段,我想到了很多事情。孔子说冉求这种因为底气不足而不敢做的想法,我们大多数人都有。也因为如此,我们会错失很多机会。当敢于尝试,并付出了努力的人获得成功的时候,你才感慨:原来我们这样的人也可以去努力尝试啊,当初要是自己也这样做,那么——

可惜世界上没有那么多假设。

2016年1月,叙事者发出寒假挑战,每天写一篇500字以上的文章,每天点评别人的文章。我就自认为没有这个能力而没敢应战。结果很多人坚持了下来,取得了别人难以想象的成长。回头再看看那些人,三头六臂吗?天生能写吗?其实,他们和我也没什么两样,他们唯一比我多的是勇气,当然这种勇气有努力做保障。

我就是孔子所说的根本没开始做,就断定自己无法做成,给自己划定在了失败的界限内。好在后来在王维审老师的激励下,加入了叙事者组织,开始了比原先要宽松很多但是也很有序的读写生活,也让自己得到了成长。这次能顺利读完《论语别裁》,并得到很多读书的收获和乐趣,也是因为加入了叙事者组织。

昨天六(3)班班主任阿顺来请假,临走时说今天班级里教数学的她不在,教英语的陶老师不在,只有教语文的吴老师在,而吴老师是行政,平时在远离教学楼的行政楼办公,所以她有点担心。我说让年级组的老师多关心一下即可。想到阿顺不在,她的课没人上,而我上她班的小古文,平时一旦有事情会落掉一两节课,所以我主动要求阿顺的课我来上。

今天上午第一节课,和孩子们愉快地进行小古文阅读。因为最近教学楼电不是很稳定,我没敢打开多媒体,尝试着让孩子们不看教材,只是通过我的朗读、分析来学习。好在小古文都不长,看不见教材反而能很好地培养孩子们的小古文语感,孩子们很是喜欢。基本讲完了,领着孩子读了一遍。偶尔的"之乎者也",大家朗读热情还是很高涨的。我问谁能来领读一遍,刚才很活跃的孩子们一下子不吭声了,再问一遍,还是没人举手。我知道孩子们胆怯了,因为白话文拿起来就能读,但是小古文毕竟还是有一些难懂的文言字眼,也会有一些和现在不一样的停顿和语气。再说我没有展示出课文，大家只是跟着读跟着理解，怕真正看见文章有不会读的地方，这也是能够理解的。我问第三遍，有同学推荐了班中知识最渊博、坐在最后一排的一个高大的男孩子。这孩子对小古文特别感兴趣，还说自己要买教材，前几次上课，大家不理解的知识他都能很好理解。我知道他肯定能很好领读。也许是昨天才认真读完《论语别裁》的缘故，也许这本书中孔子教训冉求的这句话留给我的印象太深了，不自觉的，我就把这件事情联系了起来。我本能地觉得，这是一个很好的教育契机。

　　站在课桌第一排，面对大家的推荐，我笑着说："我知道他肯定能领读好，但是难道小古文就这么难，全班这么多同学就他一人能读吗？"我故意停顿下来，带着微笑看着大家。大家也回应我的腼腆的微笑，言下之意就是不敢尝试。我继续说："我就不信，这么聪明的六（3）班没其他人能读好，来，你来读！"我顺手把书递到坐在第一排的一个姓许的孩子眼前。这个孩子我不教这个班的时候就认识，是任课老师办公室的"常客"，他母亲也一直要被老师叫到学校进行沟通。当我把书给他，让他领读的时候，他明显一愣，其他同学也发出了轻轻的"啊"声。这孩子显得很犹豫，我鼓励他"你肯定行的"，他才慢慢站起来。"北人生而不识菱者——"，照理说读完一句，其他孩子应该跟着读，但是这孩子停顿了一下，没人跟上去读。我笑着问："你们想让他领读还是想让他一个人读？""让他一个人读！"孩子们异口同声地回答。

　　"这些孩子，有色眼镜看人。一定以为许同学根本读不好，所以想让他一个人读。"不管出于什么心理，可我还是忍不住这样想。

　　"你行的，继续读！"许同学继续读下去，让人诧异的是，整篇小古文他没读错一个字，也没读错一个停顿，语气也读得很到位。读完，我赶紧示意大家鼓掌。孩子们真的热烈地鼓起了掌，那孩子红着脸、带着满脸的笑坐了下去。

　　我朝着大家说："你们是不是觉得朗读小古文很难，生怕自己会读错吧？"不用大家回答，我继续说："许同学那么流利地读完全文，你们就不觉得其实一点也不难吗？其实是你们缺乏勇气把自己难住了。"于是我顺势讲起了冉求和孔子的这段语录。孔子对冉求的批评，我换成了鼓励的话。孩子们倒也听得全神贯注。

　　读书能够明理，这让人舒心；读书能够践行，这让人喜悦。而我读书所收获的，还及时用到了自己的教学中，这是更令人惊喜的。

写于 2017 年 2 月 28 日

追寻即将消逝的童年

——读《童年的消逝》有感

寒假中我们共读美国尼尔·波兹曼的《童年的消逝》。

听到书名，很是疑惑，童年是一个人的必经阶段，怎么会消逝呢？难道是经历了什么变故而消逝了？习惯了叙事思维，看到题目，自然而然进行了这样的联想。网购书到后，打开细读，才明白，这个"童年的消逝"并不是我理解的那个意思，而是指随着电视等现代化信息媒体的出现，童年和成年的界限越来越模糊，童年这个概念正在慢慢消逝。

尽管学校图书馆为叙事者团队都购置了共读书目，但我喜欢自己网购，因为我喜欢在书上圈圈画画。第一遍读完，和作者有共鸣，但总感觉有点不过瘾。于是利用年初五下雨不出门的整整一天，一直到深夜，认认真真再读了一遍。翻开书本，直线、波浪线、圈点不计其数，偶尔还能见到忍不住写下的点滴感受。这本书由两部分组成，第一部分是童年的发明，第二部分是童年的消逝。而我的圈画更多出现在第二部分也就是童年的消逝部分。为什么？因为共鸣更多，感叹更多。

童年这个概念之所以存在，是因为印刷术普及之后，文字成为主导，成人掌握着文字和知识的世界。儿童要想满足与生俱来的好奇心，必须依赖成人。于是，儿童和成人之间出现了非常明显的界限，童年这个概念应运而生。而电视等电子媒体则肆无忌惮地揭示一切文化秘密，它对成人的权威和儿童的好奇心构成了严重的挑战，童年和成人的界限越来越模糊，于是童年这个概念慢慢消逝。

从人类的发展来看，旧事物替代新事物，是必然趋势，也是天经地义的，电视等现代化媒体替代文字，似乎也在情理之中。但是作者在书中却充满了忧虑，而我，一个教育工作者，读着作者的文字，想着发生在身边孩子身上的种种现象，忧虑之情也无法抑制。

书中说，看电视要求观众必须在瞬间理解画面的意义，而不是延后分析解码。它要求观众去感觉,而不是去想象。

因为电视,孩子的想象力削弱了,这一点真的不假。因为电视的画面感实在太强,而且电视24小时都在不停播放,需要不断有新鲜而有趣的信息来吸引观众,信息量太大,所以也很少留有时间给观众思考、回味。久而久之,观众也懒得去思考、去想象,自然,想象力也越来越弱。我不去评判成人的想象力的重要性,作为教师,我非常清楚地知道,想象力对孩子有多重要。丰富的想象力是发展孩子创造力的基础和保证。心理学家说,想象力是人生的智慧翅膀,它可以使孩子冲出狭窄的生活空间,认识更为广阔的世界,超越时间和空间的限制,还可以丰富他们的经历,增长他们的见识。想象力是一种创造性的能力,是孩子应该具备的强大的智慧力量。爱因斯坦说,想象力比知识更为重要,因为知识是有限的,而想象力却推动着知识的进步,是知识进化的源泉。而电视却把孩子们的想象力给削弱了,怎么能不令人担忧。

经常听到老师们说现在的孩子怎么啦?作文干巴巴的,没有想象力。我们也经常听到,中国的孩子做题能力很强,但是要创造性地完成一些任务,能力似乎很弱。尽管尼尔担忧的是美国的现象,更多是为美国的儿童而痛心,但是我们中国的现象似乎有过之而无不及。

电视带给孩子的不良反应还有很多很多,书中列举的很多都是我们深有感触的。而书本的最后,作者希望有一种传播技术足以保持童年存在的需要,他将此寄托在电脑上。他认为,人们为了学习电脑编程,就必须学习一种语言,这将使教育变得有意义,可能重新回到印刷时代。

此书再次修订是1994年,距今已经二三十年了,那时候电脑、网络还不是很发达,作者对电脑寄予了厚望,希望电脑能够挽救童年的回归。但是,现在的事实又是如何呢?不容置疑,尼尔·波兹曼的希望落空了。随着互联网的发展,各种各样的信息都被搬到了网上,儿童通过电脑获得信息的数量都大大增加、速度大大加快,而且互联网的信息具有共享性、匿名性,因此,信息不能针对儿童和成年人进行区别分级,可以说电脑正在加速童年的消逝。

电脑、网络带给孩子的伤害真的不是三言两语可以说完的。孩子是最天真的,孩子们聚在一起玩游戏的场景是最美好的画面,哪怕就是扔扔石子、丢丢手绢、捉捉迷藏,但是,除了偶尔在幼儿园、小学的课堂上还能见到,你还能到哪里去寻觅这些游戏的美好镜头。我们的孩子都在家里看电视、玩电脑呢!课堂上,孩子眼神呆滞,思想不集中,究其原因,家里玩电脑太多,无法回归课堂。孩子暴力行为越来越多,不论是家庭,还是学校,似乎越来越管控不住孩子,因为网络上有太多太多的暴力游戏,孩子接触了那么多,能不受负面影响吗?我一直很困惑,这到底是为了什么?没有任何科学依据,凭着直觉,我觉得或许跟网络有关。网络时代的孩子身上发生了太多太多我们无法理解的事情。作者只是在担忧因为电视的普及,美国文化在逐渐没落。而随着网络时代的到来,目睹这一切,让我们更加担忧的是这一代儿童的命运。

当然,上述言论仅仅纠结在不好的现象上来看待问题,网络时代给民众带来的便利是有目共睹的,给社会带来的进步也是不容置疑的。任何事物都是具有两面性的。作者在书中仅仅陈述了对童年消逝的担忧,表现了面对这种现象的悲观。时代在发展,社会在进步,发现问题,解决问题,才会进一步促进人类的进步。我想无论是上层组织,还是基层单位,我们都意识到了这种现象,所以都在努力改观。比如说游戏的消失,让我们十分惋惜,所以现在在大力推进民间游戏的发展,很多学校都开设了相关的社团,现在的幼儿园甚至大力揭倡游戏化课程。比如因为儿童礼仪的丧失,所以从国家层面都在注重八礼四仪的建设,注重家风的回归。比如孩子被电脑所控制,所以家庭教育、亲子关系越来越被重视……

尽管尼尔·波兹曼很悲观,但是他提出的"童年的消逝"这个观点确实给了人们很大的警醒。尤其是教育工作者,更应该去读,更应该去了解。因为只有发现,才能正视,也才有思考,并且我们可以力所能及地在自己的实践中去改变,哪怕力量很微弱,我觉得也值得尝试,因为我们是离童年最近的人,我们也是最能减缓童年消逝的人。

写于 2018 年 2 月 28 日

朗读，课堂的生命
——读《做一个学生喜欢的老师——我的为师之道》有感

四月共读书目是于永正老师的《做一个学生喜欢的老师——我的为师之道》，这真的是一线教师值得拥有的一本好书。书中的很多做法我以前也零零碎碎做过，但是没坚持下来。我想，要是我早读到这本书，我一定会成为学生更喜欢的老师。书中很多处，我写下了"班主任可以尝试""语文老师可以践行"之类的批注。

看着那么多的圈圈画画，看着那么多的随手涂鸦，似乎有很多想说的，但是似乎又都被于老师说掉了，十分的满足，满心的欢喜，也许这就是共鸣吧，这也是读到好书的收获！

于老师在书中多次讲到朗读，好几次聆听过于老师的课，他的朗读确实是每一节课的一道亮丽风景，让人赞叹，让人可望而不可及。前几年听他的《谈礼貌》，由于老师扎扎实实地训练朗读，一篇一般人认为很枯燥的说理性文章，竟然被他上得生动有趣，而且教学目标得到了有效落实。课堂上有了朗读，整节课就活了，也就有了强大的生命力。

于老师说他的朗读兴趣主要源于他的小学老师张敬斋先生。张老师教于老师的时候，每课必进行绘声绘色的范读。张老师一读完，学生们就迫不及待地效仿，人人眉飞色舞，个个小脸通红。记得著名特级教师孙双金说过，好的课堂孩子要有小脸通红、小眼发光、小手直举、小嘴常开四"小"表现，张敬斋老师仅仅因为出色的范读，就让班中孩子达到了这样好的课堂状态。所以当时的于老师等学生每篇课文都读得滚瓜烂熟。直到过去了很多年，张老师讲过什么，早就记不得了，但是他声情并茂的朗读永远记在于永正老师心中。更为可贵的是，张老师的朗读给于老师种下了一粒充满生命力的朗读种子，使于老师深深地爱上了朗读，甚至到了痴迷的地步。中央人民广播电台的播音员、在电台朗读长篇小说的朗读者，都成了于老师的良师。张颂老师的《朗读学》，美国作家吉姆·崔利斯的《朗读手册》，让于老师对朗读的作用更加深信不疑。走上教师这一工作岗位后，朗读这粒种子蓬蓬勃勃地生长，以至于成为于老师课堂中一棵永不凋谢的更具生命力的大树。这既成就了于老师，也让于老师的学生受益匪浅。

于老师认为，把课文朗读好了，什么语言呀，理解呀，情感呀，语感呀，表达呀，都不是问题了。有学生说喜欢于老师的课，因为于老师朗读得好。于老师教的学生都喜欢朗读，水平也比较高。于老师并不教学生什么朗读技巧，就是一遍又一遍地读给学生听，然后让学生一遍又一遍地跟着老师读。朗读好了，课文也理解了，学生就有了悟性、有了灵性。朗读好了，就会为学生留下语言、留下语感、留下情感、留下表达的方法。难怪著名小学语文教育专家周一贯先生不止一次说："听了于永正的朗读，至少可以少讲三分之二！"多么高的朗读评价啊！

于老师喜欢朗读，钻研朗读，并且在朗读上创出了自己的特色，用他自己的话说，他的课成功的首要功劳是朗读。这不由得让我想到了自己。

我出生在农村，一二年级在自己村就读复式班，三四年级就得到隔壁村就读，五年级又得到另外的一个村就读。现在想来，我小学遇到的老师没有于老师遇到的张敬斋老师那么有才能，但是他们也都很敬业，整个小学阶段，我的学习都很不错，尤其是读书，我很喜欢。复式班读书的时候，二年级的我就当一年级的小老师，记得那时候不会教什么，就是带着一年级的小同学读拼音、读字词、也读课文。也许就是这时候，朗读的种子在我心中悄悄种下了吧。而真正让老师注意我的朗读是初一的时候，我的语文老师姓顾，是一名老民办转正的老师，普通话不标准。有一次是一单元过后的练习课，其中有一篇写景的小文章，老师请大家朗读。我举了手，被叫起来朗读。其实那时候是怎么读的，全凭感觉，但是我记得最后一句是感叹句，有一个"啊"，我读到最后那个感叹词可能读得比较突出，当时顾老师就大加表扬。后来有一个学校的朗诵比赛，顾老师就推荐我参加。农村到镇上就读的我一向是比较拘谨的，能被推荐参加全校大赛，对我而言真的是一件大事情。那时候也不懂什么，老师也没进行什么指导，参加比赛的时候我朗读的仍旧是那篇练习上的文章。记得当时并没有得奖，但是那次朗读，让我在班中确立了朗读最好的地位，从此以后我也确实更加喜欢朗读了。不知是不是因为喜欢朗读的原因，反正随后的整个求学期间，我的语文一直是成绩最好的学科。走上工作岗位后，绝对没有于永正老师那样钻研朗读，也没有特别出色的朗读本领，只是因为喜欢，所以在语文课上我倒是很喜欢范读，也多次指导学生参加校级区级朗读比赛，取得了一些小成绩。直到现在，我仍旧喜欢朗读。前一阶段,还带领叙事者望亭团队的全体成员完成了《木偶奇遇记》的录音工作,还在"爱阅读成长留声"公众号平台发布录音。

学生喜欢朗读好的老师,我也是深有感触的。每次范读课文的时候,孩子们总是最安静的,很多时候还能看到他们欣喜羡慕的眼神。我曾经学着李镇西老师那样,每天的语文课上利用5分钟读意大利著名作家亚米契斯的《爱的教育》,学生们可喜欢了。因为听读,发生了学生硬要我拖堂等感人的事情,现在都成了我写叙事的资源。那段时间,学生的生命状态也完全不一样。我从没要求大家买书,但是因为故事感人,因为我的朗读,班中人人拥有了一本《爱的教育》。我曾经说过,既然大家都有书了,这本书也不难理解,不如大家自己阅读,我不再利用课堂时间进行朗读,但是孩子们不同意,每到下课前5分钟,孩子们就会提醒我朗读《爱的教育》,然后他们拿出自己的书一边看,一边欣赏我的朗读。对学生来讲,这是他们最大的享受。

因为喜欢,所以自己在朗读上还是挺注重的。但是从没正儿八经思考过朗读带给课堂的作用,于老师的这本书中多次讲到朗读,真的引起了我强烈的共鸣。

可惜现在的课堂上,很少听到师生像样的朗读。一是很多老师不会朗读。在学校听随堂课时发现,老师对于句段的训练会进行朗读,通常的办法就是叫一个又一个孩子朗读。但孩子毕竟是孩子,有时候就是无法达到该有的情感,这时候老师们会一次又一次进行语言指导,但是有时候越指导,越让孩子云里雾里摸不着头脑。过后找老师交流,我总会说,如果你能示范读一下,那不是能解决很多问题吗?我们的很多老师会腼腆地说:"我怕自己读不好,不敢读。"确实,现在的师范大学教朗读的可能不多,现在的老师,能声情并茂朗读的也确实不多。第二个原因也跟现在的应试教育有关,很多老师没有充分意识到朗读的作用,一味讲解、一味刷题,取代了学生的朗读。其实讲解只能"让人知道",是死的;而朗读能使人感受,是活的。引领学生走进课文的情感深处,比过多的琐碎分析会强很多。

读完这本书,我真切地感受到,朗读真的是课堂的生命。如果每一位语文老师都能意识到朗读的重要作用,都能像于永正老师那样在课堂上带头朗读,引领朗读,那么校园中一定会是书声琅琅的,那样的情景也一定是校园中最美的风景。

写于2018年4月30日

开卷，有益
——读《做一名有专业尊严的教师》有感

读完窦桂梅老师的《做一名有专业尊严的教师》，书中有很多观点，我特别认同，所以书上全部是我的圈圈画画，一边读一边品一边联系实际，总感觉有些观点说得太好了，似乎就是我一直想说，但是又无法表达清楚的那些观点。

特别喜欢这本书的《开卷，有益》的序。杨绛先生说读书就像"'隐身'的串门儿"，多么形象啊！书中自有黄金屋，书中自有颜如玉，书像有名的学者，书又像知识渊博的老教授。现实生活中我们要拜见学者和老教授，一定要预先虔诚地打招呼，还时刻担心会惊扰别人。但是书却不一样，不必事先打招呼，打开书页就能进入读书的美好境界，而且这个"串门"我们可以"经常去，时刻去，如果不得要领，还可以不辞而别，或者另找高明，和他对质"。我们也不必问清楚我们拜见的主人"住在国内国外或者说是古代现代"，不必问清楚他什么专业，"无论是讲正经大道理或者聊天说笑，我们都可以挨近听个够"。多有趣的文字，读序就有如此吸引人的文字，我想这月的读书之旅一定会收获满满。

窦老师说，因为读书，"哪怕任何一本杂志，甚至偶尔随便翻翻的报纸，也能马上捕捉到我感兴趣的东西。有时在聊天，听到什么，也立即走神，因为想到了有关的话语"。读书能使人明智，这是不容置疑的，读书能锻炼人的敏锐感，我想这也一点不夸张。有时候读完一本书看似没有什么明显的收获，但是当自己读其他书或者做其他事情的时候，某些思考、某些想法立马会跃入脑海，这就是读书的反馈。读书就是积累，积累多了，就会自然而然指引人朝着更加明亮的方向前行。窦老师说："床头的杂志、报纸旁总有笔和纸，说不定就想把什么记下来。"窦老师读书喜欢随时记录，这个习惯对我们真的非常有用。很多时候，我啃读一本书，第一遍往往只能是初读，很难留下很深刻的印象，第二遍读，给自己的感触会更深。而第二遍读难道也跟第一遍那样一字不落地读吗？显然没有必要，我们完全可以读那些经典的段落，读那些特别有价值的内容。怎么去找这些内容呢？那自然是要在第一遍读的时候圈圈画画，随时落笔。《爱心与教育》《不跪着教书》《教育目的》等书，我就是这么看过来的，所以也留下了非常深刻的印象。当然也有反例，当时阅读没能随时圈画，更没有写下点滴感受，历时较长时间读完全书，感觉印象模糊，前面讲了什么内容都记不那么清楚了。于是只能再重起炉灶，几乎进入再次初读的状态。

"读书的任务当作平常的事儿，难啊。不过我要说，习惯了，你就因为读书，变得不平常。"我对这句话的感触是极其深刻的。2016年3月开始，叙事者望亭团队成立，从此，每月一本书成了我们必须完成的成长任务。在这之前，我也读过一些书，读书时以言情小说为主，工作后和孩子共读，读了一些儿童文学。但那是很随性的，那些书读起来也特别轻松。而叙事者所读的书不可能像小说那样吸引人，更不可能像儿童文学那样好读。读第一本《儿童的人格教育》，书中一些专业心理术语就让我发怵，很多时候发现自己怎么也读不下去了。但是为了完成任务，不至于还没出发就淘汰，我逼着自己出声朗读，不理解也这样读过去。很奇特，过了那个坎，读下去就显得容易多了。一本书是坚持了下来，还有更多的每月一读呢，最多的竟然有80多万字。曾经不止一次想过，这读书的任务真的很难，要把它当作平常的事情更难。所以每月读的书，我都是逼自己读的。转眼700多天过去了，每月的读书任务我都雷打不动完成了。看着书架上那一本本被我啃读完的书，感觉好有成就感，20多年读不了几本书的我，两年多却读了20多本。如今，尽管还是要逼自己，但是逼自己也成了习惯。当很多人来到我们的叙事者之家，看着我们读过的书，翻着我们写过的文，发出惊叹、竖起大拇指的时候，我发现我真的变得不那么平常了。

上个月读于永正老师的书，关于朗读，我圈画了很多内容，也写了关于朗读的读后感。窦老师的这本书中也有对朗读的见解。她认为，老师对自己创造的语言是否有魅力不够自信的时候，有一条捷径，那就是从朗读开始。你的课，或许没有讨论、没有启发，可是，只要与学生一道读进去了，你就不能不经历震动、洗礼和成长。朗读中的成长，是真实的成长，是水到渠成的成长。这让我想起了前段时间和儿子的对话。儿子说自己的教学任务总是来不及完成，每节课都显得很赶。我说课堂上少讲点，因为你讲那么多孩子能听进去多少呢？又能吸收多少呢？儿子问我少讲多出来时间怎么办，我说朗读啊！一遍又一遍朗读，变着花样朗读，孩子一定喜欢，而且获得的知识一定不会少。儿子说，这可行吗？从没有人这么跟我讲过。我说那你就试试吧，因为我也是在不断读书不断反思中感悟到的。曾经听过窦老师朗读《游园不值》，那是一种艺术，一种让人沉醉其中的艺术。我们虽然学不像窦老师那样的朗读，但是我们完全可以凭借自己的基础做好自己的朗读，那我们的课堂也一定会生动很多。

读一本书，对于特别认同的观点，如一杯醇美的咖啡，读后芳香能久久回味。当然书中也有我不认同的观点，比如窦老师对《游园不值》等文本的解读，就让人很难接受，不过这也能引发人很多的思考。我想这样的读书，正如本书的序的题目一样，就是"开卷，有益"。

写于 2018 年 5 月 31 日

感谢读写
——读《做一个学生喜欢的老师——我的为师之道》有感

读完于永正老师的《做一个学生喜欢的老师——我的为师之道》，深感读写对于老师的重要性。将阅读时随手圈画的内容跟读写相关的语段录入电脑，仅仅是我感触很深的句子，就有 1500 多字。

说起读写，其实我也有一些很值得回忆的事情。我的读写史，是从写开始的。初三时，我进入了全校两个重点班之一，教我们语文的蒋老师每天要求我们写一篇小作文，字数不限，题材不限，只要能写就算完成。那时真的很痛苦，因为初三了，学习压力很大，一个农村出来的孩子，每天除了步行上学放学所需的两三个小时外，其余时间就是上课做作业，那时每周放一天假，更多的是用来做作业。难得的休息，也是和村上的伙伴、家里的田地打交道。外面的世界从没见识过，也没读过任何的课外书，所以实在没什么内容可写。于是挖空心思，逼着自己完成每天的任务。那时自己家菜园里种的各种蔬菜都不舍得一次性写完，今天写青菜，明天写莴笋，后天写土豆……那时没有什么课外书，哥哥读书时订阅的《作文通讯》也成了我的宝贝。因为那里有很多素材，我可以增补删减完成我的作业。实在没什么可写了，有时候就做"梁上君子"，从《作文通讯》

中"盗"那么一小段。但是我还是坚持了下来,而且每篇小作文写得还不短,很多时候蒋老师会表扬我写作文认真,也有很多次当着全班同学的面读我的作文。那几本被我翻烂了的《作文通讯》的功劳最大,那时候更多人和我一样,很少看杂志,所以即使我"盗"的东西比较多,也没人会知道。

初三的那一年,在蒋老师的"逼迫"下,我开始了所谓的写作;在蒋老师的激励下,我自我感觉不错,慢慢地也算有点喜欢写了。

读师范学校的时候,没有人逼迫我写,但是因为有了初三的基础,我自觉自愿开始写日记,纯粹是记流水账,但是每次记录的都是自己的生活、自己的感受。三年流水账记录下来,文字技巧没有提高多少,但是我已经不怕写了,提起笔来就有源源不断的话语可写。

工作第一第二年,我照旧写日记。前些年整理书柜,发现日记本竟然有一大摞。可惜,后来工作越来越忙,加上结婚生子,我中断了记日记的习惯,很多年都没有再接上,现在想来那是最大的遗憾。

直到 2010 年 8 月,我参加省级语文教师培训,当时聆听了很多专家的报告,感触很深。白天听报告,晚上回到房间,反正也没事情,于是就在博客上写随笔,培训那几天,写了 12 篇随笔。

2010 年 8 月是比较正式开始写博客的日子,9 月份写了 12 篇,10 月份写了 11 篇,12 月份写了 19 篇。2011 年是我写博客最多的一年,一共是 319 篇。2012 年,一共写了 166 篇。

到望亭后,担任学校一把手,客观上确实忙了很多,有点无暇顾及,有时候还不能像当学科老师那样什么话都一吐为快,于是慢慢懈怠了。虽然我仍旧会在博客上记录一些文字,但是没以前那么多了。

2016 年 3 月,我带着 12 人的团队加入了王维审老师的叙事者团队,因为只需要每周交一篇作业,所以写的仍旧不多,但是有规律了,字数也有了一定的要求。

从初三到师范,再到工作,我无论是被动还是主动,记录了一些文字。我记录文字的时候是完全没有目的性的,就是给生活留痕吧。于永正老师说:"过去的事情,用文字凝固下来,就会成为'永久',哪怕把它放在抽屉里。不写出来,终究只是一种记忆,而记忆不会长久。记忆一旦消失了,过去,就不复存在了。"确实,我一直想,现在的事情记录了下来,以后老了再翻看,一定很有意义。当然,也有时候,明明有一些很有意思的事情,因为忙碌,也因为懒散,一时没记录下来,等到自己空闲下来了,想再去记录,怎么也找不到感觉了,甚至事情都慢慢淡忘了。所以于老师说"用文字凝固下来"真的是非常重要的。

尽管当初写的时候是没任何功利性的,但是,因为写了,得到了别人的认同,于是又化成了动力,想写得更好。更好的素材哪里来,于老师说:"写,让我变成了一条猎狗,瞪大眼睛看世界,张开鼻孔嗅世界,竖起耳朵听动静。"确实,写让我的观察力、感受力、思考力、想象力大为增强。我还想方设法搞活动,这样我和学生的相处越来越融洽,学生也越来越喜欢我的课,班级学生的精神面貌也得到了改变,成绩提高自然也不在话下。于老师说:"读与写是'清洁剂',经常洗去自己头脑中的污垢;读与写也是'充电器',不断为自己的大脑注入新的理念和动力。"这一点也不夸张。因为写,给我的带班和教学都带来了潜移默化的正面影响。因为写,在一些征文中,我还获奖了。一开始的时候,我是根本没有发表意识的,但是写的文字放在博客上,有编辑主动找上门,要用我的稿子,还有在群中看到有征稿,正好我也有类似的稿子,我也会投寄出去。几年来,我的不少随笔发表。在后来的市学科带头人评选、阳澄教育人才评选、姑苏教育人才评选中,那些发表获奖的大大小小的文章成了我材料中最为突出的成绩。这完完全全是"无心插柳"造就的风景。

加入叙事者团队后,每月读一本经典,也大大提升了我的阅读能力,在不知不觉中改变了我生命的宽度。朱永新老师说,一个人的精神成长史就是他的阅读史。只有经历深入阅读,才能真正体会这句话的意义。阅读让我看人看物看事的心态改变了,也让我的理念得到了提升。现在学校的发展不落后于城区学校,我想这跟我坚持用阅读来看世界、看教育也是分不开的。阅读也让我的心境越来越明朗,尤其是对待自己的工作、对待自己的同事,我总能以更宽广的胸怀去理解去接纳。

于老师说是读写成就了他。尽管我绝对称不上成功,但是我也想说,是读写丰盈了我。而且最让我欣慰的是,读写让我们叙事者望亭团队那一批小年轻的成长走上了快速通道。张丽静,我们团队的小班长,这次参评学科带头人,文章多得格子里写不下,远远超过了规定的篇数;朱春兰,因为向往我们的团队,后期申请加入,她的灵气在读写中有了更好的发挥,文章已经多篇发表;沈青青,在班中开展了很多活动,而且渴求进步积极向上的状态让我十分欣喜。还有曹丹萍、曹晓玉、陆顺雅……她们,越来越优秀,她们越来越感受到读写给她们带来的好处,所以更加投入地沉浸在读写之中。看着她们的生命蓬勃发展,我真的十分欣喜。我们的团队事迹,也开始被越来越多的人知道。《人民教育》刊发我写的《在"小圈子里"实现大变化》,《中国教育报》《中国教师报》也分别进行专题报道,我们的团队故事也被省教育厅授予"十佳精彩案例"……读着于老师的书,品着书中那么多有关读写的金句,回想着自己的读写经历,展望着团队的读写前景,真的和于永正老师有着一样的心态:感谢读写。

写于 2018 年 6 月 30 日

儿童的创造力之思考
——读《陶行知教育文集》有感

第二遍读《陶行知教育文集》,我仍旧不敢说读得很透彻,很多地方还是囫囵吞枣的。一直用"书读百遍,其义自见"来勉励学生多读书,当再读此书,仍旧一知半解的时候,我真切地明白,我们老师也应该"书读百遍"啊!

先前知道陶行知是晓庄师范的创始人,他的"生活教育""教学做合一"等理论也略知一二,他的"捧着一颗心来,不带半根草去"等名言是耳熟能详的。读了厚厚的文集,对这些知识有了更加深刻的理解,同时也了解了很多平时并不是十分清楚的知识。我们是从事儿童教育的人,所以我也特别关注书中有关儿童教育的理论。其中《创造的儿童教育》一文中很多内容让我有很深的感触。

陶行知说中国的小孩,是在苦海中成长的,所以他认为我们应该把儿童苦海创造成一个儿童乐园。这个乐园不是由成人创造出来交给小孩子,也不是要小孩子自己单枪匹马去创造,而是要求成人加入小孩子的队伍,陪着小孩子一起创造。

80 多年前,陶行知就提出了这样的观点,到现在,这样的观点依旧是非常准确的。1941 年的中国,所有人都处于水深火热之中,孩子更加受害。也许有的人说现在时代不同了,生活条件好了,孩子的生活是十分幸福的。从物质条件来说,这话也许不错,但是孩子的成长中物质条件绝对不是唯一的需求,尤其重要的是创造力,现在的孩子还是缺少环境支持的,我们的成人也没能完全做到陪着孩子一起创造。陶行知认为成人加入儿童的生活，就能发现小孩子的力量和创造力。这本书中，很多地方都写到了孩子的力量和创造力，比如文中很多篇幅讲到的"小先生"制度，还有晓庄学校停办的时候，小孩自己组织的自动学校等都是陶行知力证小孩子力量巨大的内容。作为老师，我们也很少能陪着孩子一起去创造，这也是今后的教育教学中需要引起我们特别重视的。假如我们能放下身段，和孩子一起，真正融入孩子的学习、生活，也许孩子会快乐很多，我们也会有很多意想不到的收获。

  陶行知还从多方面阐述了如何解放孩子的创造力。第一是解放孩子的头脑。他认为儿童的创造力被固有的迷信、成见、曲解、幻想层层包裹。要发展儿童的创造力，必先让儿童的头脑解放出来，让儿童懂得思考。第二是解放儿童的双手。他认为，假使人类把双手束缚起来，就不能执行头脑的命令。中国对于小孩子一直是不许动手，动手就打手心，往往因此摧残了儿童的创造力。这里又举了爱迪生的例子。爱迪生当时所在的美国学校的先生也很顽固，因为爱迪生喜欢玩化学药品，所以不到三个月就把他开除了。幸亏爱迪生有个贤明的母亲，了解他，用家里的地下室让他做实验。爱迪生得到了母亲的理解才一步步地把自己打造成"发明之王"。陶行知希望中国的先生或者保育员向爱迪生的母亲学习，让小孩子有动手的机会。第三是解放孩子的嘴。小孩子有问题要准许他们问。从问题的解答里，他们可以增进自己的知识。小孩子得到问的自由，才能充分发挥他的创造力。第四是解放小孩子的空间。陶行知认为要解放小孩子的空间，让他们去接触大自然中的花草、树木、青山、绿水、日月、星辰以及大社会中士、农、工、商、三教九流，自由地对宇宙发问，以万物为友，并且向中外古今三百六十行学习。创造需要广博的基础，解放了空间，才能搜集丰富的资料，扩大认识的眼界，以发挥其内在之创造力。第五是解放儿童的时间。陶行知认为学校把儿童的时间排得太紧。因为中学有月考、学期考、毕业考、会考、升学考等等，连小学的儿童都要接受双重夹攻，日间有先生督课，为的是准备赶考，拼命赶考，还有多少时间去接受大自然和大社会的宝贵知识呢？

  陶行知是根据当时的社会现实提出上述自己的看法的，但是几十年已经过去的今天，我们品读这些话语，依旧那么富有令人伤感的时代力。我们现在的儿童不是同样如此吗？现在的儿童不会思考、不会动手，没有发问的自由，没有自己的空间，最让人深思的是没有自己的时间。这些都是当今中国教育之痛处啊！有识之士一直在呼吁，但是能有多少改变呢？真的是微乎其微，尤其是最后一点，完全是变本加厉。我们现在的孩子自己的时间越来越少，负担越来越重。孩子的负担来自两个方面，一是学校负担，上学时间每一节课都排得满满的，还有不少课上无法完成的作业；二是家庭负担，如今的家长已经不满足于孩子在学校所学的东西，还要带孩子参加各种各样的课外培训，孩子的课余时间全被培训所占领。无论是学校负担还是家庭负担，来源都只有一个，那就是为了各种各样的考试。如今，考试依然是检验学生学习成果的唯一依据，学校不敢放松，家庭更加不愿放松，最后归结点全在孩子身上，真是苦不堪言。在这样的情况下成长起来的孩子，还能有多少创造力呢？

我们经常可以看到媒体报道中国的学生缺乏创造力，中国鲜有诺贝尔奖获得者也跟创造力缺失有关。著名教育家陶行知早在80多年前就急切地呼吁，甚至提出了自己恳切的看法，但是改变不大。看来儿童之成长、教育之改变真的很难，但是再难，我们也要面对。对于教育工作者来说，我们还是要认真学习、认真研究，用自己的有限之力推动这项无限的事业。

写于2020年1月30日

成长型思维助你终身成长

——读《终身成长》有感

昨天，读完了美国心理学家卡罗尔·德韦克教授的《终身成长》，26万多字的著作让我第一次比较全面地了解到了固定型和成长型两种思维模式。

德韦克教授认为，我们获得的成功并不是能力和天赋决定的，而是受到我们在追求目标的过程中展现的思维模式的影响。

这个成功法的揭示，对于各行各业的人来说都非常重要，因为现在很多人都会不可避免地认为：我没能成功，是因为我的能力和天赋不够，我再怎么努力也无法改变,所以也为自己不努力找到了借口。其实,万事万物,要想成功,最主要的还是努力,成长型思维模式的人容易成功,就是因为这种思维模式能让人不断努力,而不是让人耿耿于怀于固有的天赋和能力。德韦克在书中列举了很多在艺术、体育、商业、教育、家庭等方面具有固定型思维和成长型思维模式的人的例子,具有很强的说服力。书中告诉我们,两种不同思维模式的人面对挫折的态度是截然不同的。

固定型思维模式的人认为,挫折会给人带来巨大的创伤,而这种思维模式是无法提供克服这种创伤的好办法的,他们遇到挫折后会认为自己是个失败者。就拿在考试得低分的人来说,固定型思维的人会认为,自己没有考试的能力,既然没有能力,那么付出努力也是浪费时间,所以他们会堂而皇之地放弃努力,甚至会考虑作弊的可能。我们的学生中也有这样的例子,一次失败,往往会让人一蹶不振,从此放弃努力,结果越来越差,真正成为失败者。固定型思维模式的人不会从失败中学习纠正自己的失败,相反只会去尝试修复自己的自尊。比如,他们会去找比自己还差的人。这样的孩子真的很多。有时候在考试中成绩不理想,父母想了解情况,这时候固定型思维模式的孩子尽管也知道自己成绩不理想,但是他还是会脱口而出:"班中某某人只考了多少分,比我还差呢!"在经历失败后,固定型思维模式的人尝试修复自尊的方法还有一个,就是去责备他人或者找借口。书中列举了拥有固定型思维模式的麦肯罗的典型事例,他就是认为失败从来不是他的错。看看他输掉比赛的原因:发烧、后背疼、太冷、太热、太胖、太瘦……有一次他输给一个朋友的理由更奇葩:因为他的朋友恋爱了,但他没有。他最痛苦的一次是在1984年的法网公开赛,他在0∶2领先对手的时候,又输了。最后他把原因归结为一名摄影师摘掉了他的耳机,所以旁边一直有噪音传过来。他认为自己是有天赋的,一切失败都不是他的错,所以他不喜欢学习,也不喜欢在挑战中成长。当事情发展不顺利的时候,他经常会走向失败。

读着这些文字,我觉得有点好笑,如果不了解背景,你一定会认为这是发生在调皮捣蛋还没长大的野孩子身上,但是这却真真实实发生在连续四次在网坛排名第一的确实具有天赋的麦肯罗身上。当他处于巅峰位置时,很少听到他谈如何让自己保持巅峰状态。当他失意的时候,很少能听到他自省或者分析失败原因。麦肯罗永远将自己说成是外因的受害者,他为什么不能掌控比赛,去学习如何摆脱外因困扰,在比赛中好好表现呢?因为那不是固定型思维模式者的思考方式。

著名的网球选手是这样，其实我们也经常会遇到这样的人。自己犯了错，想方设法把责任推到别人身上，他们认为这样一来，自己就没错了。其实我们都知道事情远不是这样的，正如著名的篮球教练约翰·伍登曾经说过：在开始责备别人以前，你并不算是个失败者。他的意思是只要不否认错误，仍然可以从自己的错误中学习。反过来也就是说，如果你处处找别人的错，你就无法从自己的错误中学习，从而来提高自己，那你真的就是失败者了。可惜我们很多人并不能意识到这一点，我想这对于每一个人来说都是值得警醒的，我们也可以用这样的观点来引导我们的老师和孩子。

综上所述，固定型思维模式者确实存在很多成功的障碍，那么成长型思维模式的人又是怎么样的呢？

书中提出，成长型思维模式的人认为挫折可以给人动力。同样是考试得低分的人，他们会分析自己失败的原因，但是他们不会因此而放弃自己，相反他们会为下一次考试更加努力地学习。如果有机会去翻看其他人的试卷，固定型思维模式的人会去翻看比自己还差的人的试卷，而成长型思维模式的人会去翻看比自己考得好的人的试卷，他们希望改正不足。成长型思维模式的人会寻求挑战，他们还会在挑战中成长，挑战越大，他们的成长空间就越大。体育界这样的例子很多。米娅·哈姆是美国当时最棒的女足运动员，她一生都在努力，一直在试图挑战自己，去和那些比她更年长、更强壮、更有技巧和经验的运动员比赛。米兰达在高中时体重超标，也没什么天赋，但她非常想成为摔跤手。有一次被摔得很惨之后，有人对她说："你就是一个笑话。"她哭了，但是她并没有放弃，而是接受了挑战，她的努力没有白费，最后在奥运比赛中带回了一枚宝贵的铜牌。后来，她没有停留在已经拥有的辉煌位置上，又向下一个目标耶鲁法学院进攻。

书中还提出，成长型思维模式的人相信能力是可以被培养的。其中威尔玛·鲁道夫的故事是最打动我的。在1960年罗马奥运会短跑和接力赛中鲁道夫获得3枚金牌，她被称为"世界上跑得最快的女人"。而小时候她的身体素质是让人吃惊的。她是一名早产儿，家中有22个孩子，她排行20，经常生病，她4岁时因长期和肺炎、猩红热以及小儿麻痹症斗争而差点夭折，有一条腿因为小儿麻痹症而接近瘫痪。医生说她的腿好起来的希望非常渺茫。8年的时间里，她努力地进行着物理治疗。到12岁时，她摆脱了腿部的支撑，开始正常走路。这个"世界上最快的女人"最初别说是跑步的天赋，就连最起码的生存能力也几乎没有，但是努力培养了她巨大的能力。这样的励志故事其实我们也听到过不少，现在想来，为什么这些人能够有那么大的毅力，能做出如此的努力，因为他们具有成长型思维模式。

成长型思维模式和固定型思维模式的优劣显而易见，我们期望更多的人拥有成长型思维模式。庆幸的是，我们的思维模式是可以改变的。比如你要做某件事情，去学习某些知识，或要面对某个问题，你要先确定目标，然后制订一个具体的计划，并考虑在何时实行计划，要在哪里实行计划，准备怎样实行计划，而且还要考虑到具体的细节，这就是一个成长型思维模式计划。书中还讲了很多方面思维的改变，阅读此书，一定能够收获良多。

在成长的过程中，每个人都会经历挫折，如果我们善用成长型思维模式，那么我们一定能够从挫折中找到动力，从而获得终身成长。

写于 2020 年 5 月 31 日

从罗杰斯观点看教育
——读《论人的成长》有感

《论人的成长》是卡尔·罗杰斯的著作。我第一次读的卡尔·罗杰斯的书是《自由学习》，也是叙事者共读书目，当时我是领读者，所以这本书我读了三遍，感受也很深，对于作者的"以个人为中心"的理论还是比较熟悉的。当然，《自由学习》更倾向于学习，而这本书更倾向于人的成长，写的更多的内容跟心理来访者有关。读了这本书，以下几点让我感触颇深：

一、接纳孩子的不足

书中说"无论来访者出现何种状态，治疗师都持有积极的接纳态度，那么治疗行动或改变就越有可能发生。"尽管这是对治疗师来说的，但是，对于老师来说，接纳孩子的不足，这一点同样适用。

叙事，
让成长不期而至

都说现在的老师越来越难做，传统的教书对老师来说并不难，但是育人却越来越难，因为在我们的教育教学工作中，往往会遇到各种各样的问题学生。有的不愿意到学校，一到校门口就大哭大闹，家长无奈，还要老师到校门口去领，问及原因，不是说作业不会做，就是说怕老师；有的在教室里就是无法安静，上课不安心听老师上课，下课却和同学打闹生事，时不时被同学告状；有的作业总是无法完成，课堂作业拖拖拉拉，回家作业更是一片空白，任你老师怎么紧抓，他就是无法紧跟完成；有的甚至出现了心理问题，时不时出现一些小的自残行为，还动不动说些要跳楼之类的极端话语……这样的学生几乎每个班级都会有，我们的老师劝也劝了，批评也批评了，家长也找过了，甚至心理医生也咨询过了，但是效果就是不明显。当自己花了很多心思，学生没有变化的时候，老师是极度挫败的。于是先前的耐心就消失了，再遇到这样的学生要么任其自然发展，要么简单粗暴对待，结果问题越来越严重，老师一说到这些学生就会感到特别焦虑。

站在一线教师的角度，其实我们也都理解，毕竟老师的压力也是很大的，教书要成绩，育人也要成绩，育人没成功，教书成绩自然也不佳。读着罗杰斯书中的话，我想我们老师在面对问题学生的时候，也一定要持有积极的接纳态度。学生不愿到学校，你整天跟他讲一定要到学校，不到学校有怎样的坏处，甚至和家长一起动用武力硬逼着进校门，那效果一定是不好的。我也曾在校门口碰到过这样的学生，家长一定要让孩子进校门，孩子在校门口大哭大闹。我们都进行了劝说，但是没有用，于是我说他实在不想进学校，那就听他的，把孩子带回家。当然孩子回家后一定也要有正确的管理，如果放任他玩游戏，那以后他肯定更不想到学校。在家也要有一定的作息管理，该看书就看书，该做作业就做作业，该睡觉就睡觉。孩子毕竟是孩子，第二天再送他到学校，说不定就没有这个问题了。作为教师同样要接纳他不肯到学校的事实，很多时候不会做作业、怕老师等往往是借口，但是老师还是得积极应对。他说不会做作业，那就从作业上给予帮助；他说怕老师，那就从缓和老师的态度上入手。有了接纳的态度，孩子一定会慢慢有改变的，也许没有我们想象中改变得快，改变得好，但是有任何一点改变我们都要感到欣喜。即使真不能有任何的改变，那也只能接纳。我们必须承认，孩子和孩子间是有差异的，不是每一个孩子都能如老师、如家长所愿的。接纳孩子的不足，也许是我们老师必须拥有的心态，否则我们的老师会感觉越来越累。

二、课堂中运用共情

共情,最初这是心理学专用名词,罗杰斯也大量运用在自己的心理实践中。他发现,当老师表现出高度理解时,孩子们的阅读水平会得到明显改善。这一点,其实在我们的课堂上还是有很明显的体现的。公开课上,往往平时并不是很突出的孩子却有很好的表现,上课结束,上课老师自己或者熟悉孩子的听课老师往往会惊叹:"今天×××的表现特别好!"言下之意,这孩子平时并不怎么样,今天的公开课有突出的表现。原因何在?很大的可能是,公开课的时候,老师肯定比平时更加用心更加投入,所有的孩子也一定都想有积极表现。老师提出问题后,可能平时表现并不好的学生倒是举手了,老师肯定也要体现公平性,于是挑选难度不是很大的问题让他回答了。公开课上,老师对于学生回答的反馈一定是积极正向的,哪怕回答错了,也一定以激励为主。平时可能并不特别受待见的学生突然得到了老师很少见的鼓励,于是积极性也就提高了,表现自然也就特别好。细细想来,其实这不是共情的结果吗?因为得到了老师高度的理解,平时表现不好的学生也有了突出的表现。

我以前带班的时候,孩子们特别喜欢看书,也喜欢记录读书感受。其实这也是有原因的。因为在我的语文课上,我经常要讲自己最近读了什么书,甚至孩子们喜欢看的书我都会一一细读。每次看完,我总要写读后感,有时候哪怕是摘录一些精美的词句,我也一定会去做,我也会在课堂上分享我的读后感或那些精美的词句。学生感受到了我和他们的同频共振,于是喜欢读书的越来越多,我写了读后感和他们分享,他们写了读后感后也争着要在班上读。我想,这也是共情的效果。课堂上,老师和学生有共情,氛围一定是好的,学习的效果也一定是理想的。

三、"讲得太少"并不是坏事

在这本书中,罗杰斯多次讲到巴西的六百到八百人的大团体工作坊,这个工作坊给作者留下了太深太深的印象,我隐约觉得一定还有不如意的地方,读到后来,我了解了整个工作坊事件的过程。"心理学家引发骚乱——讲得太少",这是针对这次工作坊事件的新闻标题。因为开始的时候,听众的预期和他们所经历的现实之间存在极大差异。他们觉得这个著名的心理学家和他的团队来自美国,将给予听课者权威的新知识、新理论,以及针对他们困境的答案。而现实是:这里有5个非常个性化的人,他们没有提供答案,似乎反而创造了更多问题,他们只是做了简短的演讲,激发了一些算不上是热情的东西。听众认为因为"讲得太少",预期的效果没有达到,于是在一开始引起了很大的骚乱。读到这儿,"讲得太少"这个话题让我颇有感触。无独有偶,今天在手机新闻上看到了一条类似的新闻,大意是江苏一名教师每节课只讲 10 多分钟,被家长投诉,引起了很大的反响。看来在大多数人的印象中,讲得多就是认真,就是全身心付出。罗杰斯是著名的心理学家,花了钱前来学习的人觉得他一定有大把大把的经验,他一定能解决太多太多的问题,似乎他嘴巴里说出的每一个字都是值钱的。而讲得少,就是偷懒,就是让参与者花了冤枉钱。投诉江苏老师讲得少的人也认为,老师就是该把知识讲给学生听,老师只讲 10 分钟,剩下的时间老师就是不作为。事实上,罗杰斯团队更注重的是实操,在实操中获得的知识才是真正属于参与者的,两天实践下来,大家也得到了收获,自然也平复了先前的不满。再看那位老师,因为家长的投诉,教育局启动调查,结果这位老师的各项考核指标都是合格的,甚至是优秀的。很明显,讲得少,并不一定是偷懒,讲得多,效果也并不一定是好的。看来授课效果好不好,最主要的不是看教师讲课的时间,而是教师的用心。罗杰斯团队面对六百到八百人的大型团体,他们做好了充分的预案,他们在分组实操中让参与者求得真知。那位老师尽管讲得少,但是留给学生练习的时候有更多时间进行针对性指导。对于我们老师来说,这一点特别有启发意义,合理用好时间,提高学生学习的效率那才是最重要的。

《论人的成长》中还有很多能引发身为教师的我的思考,在今后的实践中我一定要学以致用。

写于 2021 年 1 月 31 日

管理团队，就是经营人心
——读《干就对了》有感

跟着叙事者读书已经5年了，60多本书，大多数跟教育有关，这次共读的是阿里铁军原主帅俞朝翎的《干就对了》，一本关于企业业绩增长的书。拿到书单，我们多少有点嘀咕：都是老师的我们能读懂企业管理的书吗？即使读懂了，对我们做教育有用吗？

读着读着，先前的疑惑全然解开，而且深切感知：我平时看的书太单一了，了解的人多是教育圈子里的事情，因而眼界比较狭窄，视野也不够开阔，做教育管理的人真的该看看行业之外的书。这本《干就对了》所讲述的管理内容，在很多方面比我们教育管理书籍都讲得透，跳出教育看教育，真的让人有种豁然开朗的感觉。

书中讲到管理者要经营人心，真的让我感触很深。

2013年我来到望亭，环境不熟悉，人员不熟悉，一切都是茫然的。尽管之前在东桥我大多数时间也是在做行政，但是只是做条线负责人、校长副手。那时候，教学业务上我走在前列，就能很好引领教师成长，其他方面我也能以身作则，老师们也信服你，所以做起管理来还是比较得心应手的。即使遇到难题，我上面还有一把手主持大局，真搞不定的，有校长撑着呢。当了校长，个人能力自然也是需要的，但已经不是最重要的了，最重要的是要建强自己的团队。先前的行政团队我不熟悉，但是当时教育局长送我到望亭的时候曾说过："如果行政团队不好好协作，就要和另一所中学一样'全体起立'。""全体起立"就是"重新洗牌"，局长也许是为了震慑一下我，但是如果这个行政团队过得去，一般也不会在我第一次见大家的时候说这句话的。这么大一所学校交到没有管理经验的我手上，我本来就迷茫，再加上局长的话又给我增加了压力。

但是别无他法，团队建设还是我走马上任的第一要务。我首先加强的是行政团队建设。我本着特别尊重的态度和行政老师们逐一交流，遇到不清楚的我总是虚心请教。我提出，要求教师做到的，我们行政人员首先要做到。行政领导时时处处带头在做，教师们也会被感染。习惯使然，一开始的时候，有的行政人员可能不习惯处处以身作则，我就不厌其烦地提醒，并时时示范。当然，如果行政人员有什么困难，我也是不遗余力地帮助。那时候最多的是心与心的沟通交流。人心都是肉长的，真心交流，真诚沟通，彼此之间的关系也越来越和谐。随后的大会小会，我也总是找出我们行政人员的实际事例大张旗鼓地真诚表扬鼓励，慢慢地我们行政团队的凝聚力越来越强。有了强大的凝聚力，管理效应自然而然也增强了。

《干就对了》中说，"业务执行不到位，很多时候是心态出了问题"，我觉得这句话用在我们行政管理上也是完全契合的。行政人员还是原来的行政人员，原先各方面都在全区排不上号，但是凝聚力增强后，各方面工作都有了很大的起色，原因就在于心态不一样了。

行政团队加强的同时，我们也着力打造教师团队。行政人员和我在同一幢办公楼，人数也不多，我可以逐一接触，逐一交流，人心是很容易沟通的。但是教师有那么多，我也无法一下子熟悉，怎么样才能让教师感到温暖，从而进一步提升凝聚力呢？我始终觉得，一个教师如果能够在学校找到归属感，那么一定会爱上自己的学校，也能尽自己最大的力量全身心地投入工作中去，所以我们采取的是打造"我喜欢你"文化。我们通过发现老师的优点，让同事以故事的方式来讲述，让学生也用故事的方式来讲述，我们还通过会议、通过微信公众号等方式，大力宣扬老师的优点，表达大家对他们的喜欢。慢慢地，学校的"我喜欢你"文化也就得到了确立，人心也得到了温暖，凝聚力自然也得到了提升。

《干就对了》一共分九个章节，其中一开始就提出经营人心，可见人心的重要性。学校的任务是教书育人，如果管理者死盯着教师要成绩、要育人效果，那一定是很累的，而且成效也不一定好。书中说，团队是一个个的人组成的，所以经营团队就是经营人心。这一点真的太重要了，人心不齐，教师找不到归属感，只用一些规章制度去约束人，何谈效果。多年前，我来到这样一所乡村学校，一开始并没有在要成绩上下功夫，我也没有用冷冰冰的规章制度去约束人，无论是行政团队，还是教师团队，我们首先做的就是让人心热起来，慢慢地，成绩也出来了，育人效果也明显了。因为人是有温度的、有情感的，需要被温暖，温暖才能让人有活力，温暖才能让事情出效果。

写于 2021 年 3 月 31 日

感受球球部落的教育故事
——读《拯救球球部落》有感

《拯救球球部落》是本月共读书目,我一开始看到题目,以为这是一本儿童读物,而且会跟探险、科幻类有关。我心里还嘀咕:这样一本书怎么会成为我们叙事者的共读书目呢!

真正阅读,我才发现,球球部落发生的每一个故事其实都是我们已经经历或者正在经历的教育故事。读完有时会让人会心一笑,有时会让人若有所思,有时也会让人恍然大悟。原来正如封面上所讲,这是一本令人捧腹的趣味教育故事。

书中讲述了一个神奇的部落——球球,自然灾害的侵袭让部落只有3位幸存者。为了部落生存,球长、球西西和球球尼3人展开了一段奇妙的教与学之旅。书中通过"故事引申""概念链接"科学合理安排版块,通过虚构的人物场景,上演真实的教与学过程。没有长篇大论,唯有趣味的故事,然而在故事中却能遇见真正的教育学!

书中的睿智长者球长扮演了我们教师的角色,其中他的许多做法都让我们受益良多。球长一开始上课语言表达能力不到位,说教不够精彩又混乱,孩子们一无所获。于是,他认真反思,当天晚上开始认真思考第二天上课教的内容,并在地上一步步勾画出步骤,为第二天的课堂做了充分的准备。第二天他的课上得十分顺利,孩子们也学到了特别扎实的知识。

对我们老师来讲,这便是一个备课与教学设计的问题。如果我们不提前准备,直接站在讲台上,那么即使再有文化底蕴的老师,可能也无法有序安排课堂内容,也可能无法完美应对课堂中的突发状况。只有做好允分的准备,把教材吃透了,有一个清晰明了的教学设计,那么站在讲台上时才可以足够自信地面对学生,只有提前预设课堂可能发生的问题,才可以从容应对学生的疑惑并为其解答。球长备课很用心,这一点对我们老师来说特别有借鉴意义。

就在昨天中午，我们召集了7位第一年工作的老师开会，中心议题就是如何把公开课备详细。因为之前的行政听课教案上传后，我发现有的老师备课特别简单，有的甚至只有条条框框。备课是为了自己更从容地在课堂上展现而进行的提前研究、构思并以书面形式写下来，写得越详细，上课的时候越不容易出差错。尤其是新老师，一开始的时候一定要写详案，否则课堂上也会像球长第一次讲课那样乱七八糟。但新教师刚从大学毕业，角色转换可能还没完全到位，在他们的意识里，没有这样严谨的备课意识，所以我把我自己上公开课的教案展示给他们看，朱春兰教导也把自己公开课的教案给他们看。我们都是工作几十年的老教师了，但是轮到公开课，我们仍旧是规规矩矩写详案，甚至每一句话都是需要反复推敲后才落笔的。作为第一年工作的新教师，更应该如此。

球长最初用的是讲授法，也就是由球长确定内容后一点点教给球西西和球球尼。后来，球长逐渐熟悉了各种教学方法，球西西和球球尼也逐渐掌握了更多的知识，于是球长给他们时间，让他们自己发现问题，并根据自己的实际情况各自训练，提升自我，从而分别获得了好的成效。这也是我们教师特别需要学习的。在平时的教学过程中，我们过多地承担了讲授者的角色，总想着把自己的所知都传授给学生，于是在课堂上不厌其烦地讲，口干舌燥地讲，结果课堂上留给学生的时间却很少，甚至课后留给学生的时间也几乎没有。学生呢，往往跟着老师按部就班地学习，很少能有自己的空间，也没有个性发展的余地。看似都在齐步向前，实质是成长参差不齐。我们的老师真该向球长学习，要给予学生充分的时间去发现问题、解决问题，要在实践中加强引导与监督，让每个学生可以根据自己的学情来进行针对性的训练，从而弥补不足，提升能力，取得不同的进步。

这本书的情节尽管都是虚构的，现实生活中根本不可能有这样的事。但是这样的教育故事却是真实的，我们的教育教学中其实一直发生着这样的故事。读这样一本有趣的书，既让我们找到了快乐，也引起了我们的深思，让我们得到了教育。球球部落的真教育故事，让我们感受到了教育者的担当和信仰，也让我们感受到了学习者的认真和自主。读然后有思索，读然后有长进，期望球球部落的真教育故事伴随我们共成长。

写于2021年9月30日

陪伴、玩伴、同伴的重要性
——读《不可思议的青少年大脑》有感

本月,叙事者共读书目是《不可思议的青少年大脑》。看到书名,我以为是纯粹讲脑科学的书籍,心底有点发怵,觉得这样的书可能会看不懂。但是打开细读,才知道不是那么回事。这本书一点也不难读,每一章节先用简洁的语句总结了每一段落讨论的问题,随后就是"长话短说""科学点:大脑与行为""解读你的青少年"等十个部分。每一部分讲得都很浅显明白,偶尔有不是特别清楚的地方,还可以借助案例来理解。这样的书读着不累,而且对自己的教育教学或者家庭教育很有借鉴意义。

书中可细细揣摩的观点有很多。其中"破解社交密码"一章中讲到的有关观点,更让人深思。

书中讲,在婴儿期,人类最关键的社会关系是主要照料者。婴儿或者蹒跚学步的儿童天生亲近父母或其他照料者。数十年研究表明,人类如果在婴儿期与母亲长时间分离且没有特定的照料者,这会对人际关系的建立有终身的影响。读着这段话,眼前浮现的是很多发生问题的孩子。他们有的异常孤僻,不爱说话,老师很难和他交流,同学和他交流也不畅;有的不服教育,打骂同学,不遵守纪律;有的性格古怪,甚至还伤害自己……每当遇到这样的学生,我总觉得很奇怪,为什么他们和大多学生不一样呢? 正常的教育方法对他们怎么没有用呢? 这样的学生,对于家庭来说,感到痛苦;对于学校来说,也感到比较麻烦;对于老师来说,更是感到一筹莫展。但是,我们还是要想尽一切办法进行教育,于是我们排摸家庭情况,毫不例外的,一个问题孩子的背后一定有一个问题家庭,其中很多还真的在婴儿期没有得到母亲的照顾。很多时候我们会和家长进行沟通,尽管过去的已经过去,有些性格缺陷很难一下子就扭转过来,但是家长多给予关注,能改变多少是多少,是我们一直坚持的。

母亲在婴儿期的重要作用,不是每一个人都能很好理解的,所以我们也时常提醒身边的老师或者朋友。如果更多人知道母亲的重要性,在婴儿期母亲和孩子能够保持最亲密的关系,今后特殊孩子会不会少一点呢?我想这也是优生优育的内容。

如今,我家小孙子也8个多月了,我们目前是请阿姨带的,之前我只是模糊地觉得,阿姨带可以,但是父母一定要多和孩子亲近,并与孩子进行必要的互动,哪怕现在的宝宝并不是特别懂事。看了这本书,我也更坚定了这样的看法,母亲对婴儿的成长实在是太重要了。

书中还讲到,在少儿期,也就是4岁到10岁,社会关系发展的重点是玩伴。看到这一点,其实我心中还是有很大的担忧的。一直在想,这些年,问题孩子越来越多,会不会是跟现在的孩子缺少玩伴有一定的关系呢?现在的家庭一般都是独生子女,二胎、三胎政策放松后,家庭里孩子可能会多一些。但是由于现在还是二胎、三胎政策的初步落实阶段,生二胎、三胎还没形成常态化机制,有的家庭大宝和二宝甚至三宝的年龄差距很大,严格点来讲,家庭里的兄弟姐妹可能都不能成为玩伴。由于孩子少,很多家长对孩子保护得特别好,怕摔、怕打、怕被欺负,所以很多孩子缺少和其他孩子一起玩乐的机会。很多孩子在家里什么玩具都有,什么活动设施也齐备,但是就是缺少玩伴,所以有时候即使有了玩伴,他们也不会相处,不是发生冲突,就是依旧我行我素,无法和玩伴玩到一起。和玩伴一起成长是孩子成长阶段的必须环节,但是现在却严重缺失,也就是孩子的成长是有缺陷的。真希望今后我们的孩子有越来越多的玩伴,这样孩子在必要年龄阶段的发展也不会缺失。

书上又讲到,在青春期,青少年被驱动着与同伴融合,也就是与同伴融合是非常重要的。有研究表明,人在青少年时期与同伴隔离是有害的,在大脑发育的这个时期,极端的社会孤立会导致与大脑结构差异相关的认知、社交和情感调节等技能出现长期困难。其实上述问题还是很严重的,我们经常听到现在的青少年出现各种极端的问题。这些孩子往往与同伴的沟通是不畅的,他们基本上处于比较封闭的世界里。而陪伴他们的往往是手机等电子产品,还有他们可能会在虚拟空间寻找同伴,但是毕竟是虚拟空间,和现实还是不一样的。当孩子回到现实,很容易与人发生冲突,于是不可避免地会产生各种问题。

在整个青少年期间,同伴的观点占有极高的权重。青少年受到同伴的推崇,能够让大脑的"奖励中心"开足马力地工作。重要信息——对于青少年来说是同伴接纳,需要大声说出来,以便青少年可以学会社会融合的这些信号。看到这段话,我真的很兴奋。因为我们在六年级开展的"我喜欢你,同学",就符合这个理论。我们让同学用故事大声表达对其他同学的喜欢。这个活动学生喜欢,老师也欣喜地看到了成果。对于班中比较优秀的同学,他们变得更加优秀。对于班中平时不太被关注的同学,因为他们也有被表达喜欢的机会,他们也取得了可喜的变化。张丽静老师的案例中,那个平时默写20个词语会错18个的孩子,为了能够多默对几个词语,回家总是要先默写一遍。在家里,孩子也变得开朗了,母亲也特别高兴地向老师反馈喜悦,在学校他脸上也增加了笑容。总之这个孩子有了让人想不到的变化,我们知道这和我们的"我喜欢"表达有关,但是为什么会有这样的变化,我们还说不出具体的原因。读了这本书,我们明白,原来同伴的正面评价,对于孩子来说非常重要,它能够让大脑开足马力地工作。我为我们开展了这么多年的活动找到科学依据而兴奋不已,这样更坚定了我们将"我喜欢你,同学"进一步做好的决心。

陪伴、玩伴、同伴,是孩子从婴儿期到青少年时期非常重要的几个关键词,用脑科学来指导我们的教育教学和家庭教育实践,真的很有必要,这本书,我不但自己要看,不止一遍地看,还要推荐给别人看。但愿更多的人能够用科学知识来养育孩子、教育孩子,减少更多因不懂得孩子成长的科学规律而产生的错误做法。

写于2021年10月31日

故事里的学校管理

只要能做有心人

上班后打开电脑,简单处理了一下文件,从窗子往外看,孩子们陆陆续续进校园了。想到这几天一直关注的那个班级,赶紧关上办公室门,下楼往教学楼走去。

也许是时间还早的缘故,教学楼非常安静。进入那个班级,才来了3个孩子,教室里的凳子齐刷刷地倒扣在课桌上——这是老师们的习惯,前一天傍晚扫地的时候把凳子拿起来,扫完后也不拿下来。老师们觉得扫完地后这样放比较整齐,学校自然也就默认了这样的做法。先来的那3个孩子书包已经放好,但是他们的凳子还没拿下来。他们3个聚在黑板旁边的课程表前指指点点,也许在看今天有什么课程吧!我轻轻地从他们背后走进教室,他们也没发现,直到我轻轻地问:"孩子们,你们怎么不回到座位呀?"几个孩子才纷纷转过身回到座位,一个孩子轻轻地回了一句:"我们在等其他同学呢!"

他们回到座位上,似乎也不急着拿下凳子开始读课外书。早晨到校后马上读课外书是我们学校近两年强势推进的一项阅读活动。因为我们学校地处乡镇,家长上班要么比较远,要么工作的地方上班时间比较早,所以尽管我们反复强调第一节课前5分钟到校,都不算迟到,但还是有很多孩子7点以前就到校了。而此时老师们还没全部上班,孩子们到了学校没有事情可做,一是浪费宝贵时间,二是有安全隐患。怎样让早到的孩子有事情做,也不影响晚到的孩子呢?我们采取的是让孩子们来了就静静看课外书的举措。多看点书总是有益无害的,在学校推动、教师发动的基础上,目前早晨的时间全校各班即使没老师在,先来的同学也基本能静静地看书。这些孩子才一年级,最近他们原来的语文老师兼班主任流产在家休息,新接的班主任又是一个从没有过班主任经历的小年轻,看来他们把看课外书的习惯淡忘了。

一年级的孩子,还是得老师耐心细致、不厌其烦地教。于是我对那3个孩子说:"赶紧把你们的凳子拿下来,然后从书包里拿出课外书,静静地看课外书哦!"那3个孩子很听话,分别把自己的凳子拿了下来。我以为他们会坐下来看课外书,没想到,他们还各自把身边课桌上的凳子拿了下来。起先是3个孩子做，随后进来的几个孩子也加入了帮其他同学拿下凳子的行动。这一点我真的没想到，因为平时去教学楼转的时候，也会看到有些班级大多数人来了，但还有几个凳子高高地倒扣在桌上，因为那几个孩子还没有到来。我以为这个班也是这样，到教室了拿下自己的凳子就可以了，没想到这些孩子还想着把其他人的凳子取下来。我不知道是这个班原来的班主任一直这么引导孩子做的，还是今天我让孩子们拿下凳子让他们理解错了。不过，不管怎样，这些孩子的举动还是小小打动了我。孩子们在拿下凳子的时候声音有点大，有的还在边说边干活。我赶紧引导："孩子们，你们为其他同学做好事，真了不起，但是记住，凳子要轻拿轻放，马上进入读课外书的时间了，大家也不能讲话了，而且你们拿下凳子的速度要快一些。我们来比一比赛一赛好不好？"一年级孩子是听话的，这样的激励也是能起到作用的。教室里声音立即小了很多，而且拿下凳子的速度明显加快了。不一会儿，所有凳子都被取下来了，随后他们回到了自己的座位。看到他们坐下，我再次强调，赶紧拿出课外书来读。孩子们也很听话，都静静地开始读课外书。我没有走开，而是继续静静地站着。慢慢地，进教室的学生多了起来，有的孩子看到我站在讲台边，还道了声："老师好！"我示意他们赶紧回座位拿出课外书看。也许是被环境所感染，也许是我站在讲台边上，总之，教室里很安静，偶尔发出一点点声音，我轻轻地提醒一声，马上安静了下来。

眼前的这些孩子，还是很听话的，我教他们怎么做，他们也都能做到。可是，开学后这个班级出现了很多的状况。找新任班主任，她态度非常好，但是显得很委屈，总觉得自己很努力，甚至喉咙都喊哑了，但是孩子们却不怎么听她的话，效果自然也不佳。

再次验证，班级管理，老师必须得有方法。尤其是一年级的孩子，更要细致耐心地教给方法。在方法的引领下，还得营造一种氛围。试想，假如这个班级大多数同学来了都不读课外书，而是吵吵嚷嚷的，老师这时候大声喊叫，效果也不会好。可是老师早点到，发现状况，马上引导，3个孩子的做法影响着其他同学，一些同学都在静静读书，其他同学想吵也吵不起来。

我坚信，不怕班级带不好，只要能做有心人。

写于2016年3月16日

不用说"不好意思"

"毛校长,不好意思……"这是周五上午两位老师对我说的。其实,真的不用对我说,因为我能理解他们,因为我也相信他们。

天气暖和了,按照惯例,早晨教师上班时间调整到了 7 点 30 分。也许是一时还没适应的缘故,7 点半过后,总有那么几辆汽车匆匆忙忙进门。尽职的门卫多次告知,值日行政也提出过,我呢,自然也看见过。说实话,单就个人而言,偶尔迟到几分钟也没什么大事,但我们毕竟是一个大集体,没有规矩,不成方圆,制定的规章制度还是得靠大家来遵守。

怎么办呢?找迟到的老师谈话?我觉得还没这个必要。毕竟也就迟到 10 分钟左右,再说有的老师迟到也确实有原因。但是不讲也不行。于是在一次全体大会上,我说起了这个话题。我说天气暖和了,7 点 30 分上班应该也不是特别困难的事情了,希望大家能在上班铃声响之前进校门,这对自己来说是个约束,对别人来说,也是树立自己形象的时候,因为一旦迟到,同事会看到,家长也会看到。当然,偶尔迟到,我们都能理解,你大可不必太着急;但是如果你经常迟到,下次我可能就会约谈你。

一般情况下,发现问题,如果不是特别严重,不是需要立即解决的,我以及主要行政人员不会马上找老师谈话,我们会通过各种形式给老师提醒,让老师有改正的机会。当然经多次提醒,情况仍旧没有改观,我们会约谈。

我想,老师们都是愿意遵守纪律的,有些人确实因为堵车或者临时有事耽误了,有些人是因为缺乏自律,没有引起重视,才会导致迟到。我在会议上这么说,应该能让大家有所重视,所以过后我也没去关注是否还有老师迟到。

周五,我在校门口迎接师生进校门,看看学生和老师也走得差不多了,于是开始进校园。走在进校园的大道上,看到后勤阿姨在一丝不苟地打扫,但刚刚打扫得干干净净的地面, 转身就又落满了树叶。正好总务处薛总走来,于是我俩面对校门,看着刚扫过又有落叶的大道比比画画,在说着怎么清除落叶的事情。迎面似乎开过了汽车,我也没注意,继续和薛总探讨着。

"毛校长,不好意思,前几天我们都没迟到,今天有点堵车了!"耳旁传来这样怯怯的声音。原来是一直搭车来校的三位老师，其中一位红着脸解释着，另两位有点尴尬地看着我笑。因为不是特意在那儿看有没有老师迟到，所以也没注意老师们是不是迟到，听到这样的解释我也觉得有点突然。我赶紧朝他们笑笑说："没事！"她们从我身边快速进入校园，而我继续和薛总探讨着落叶的问题。

那天召开运动会，我在操场上看了一会儿比赛情况后，又向教室走去。因为学校举行全校性运动会，需要大量裁判，而不参加运动会的学生太多，全部到操场观看，又无法安排，所以总有一部分学生在教室自学。因为无法确保每个班级都有老师，所以只能每个楼层安排一名值日老师，另外就是强调行政人员多巡视。尽管教室里没有老师在，但是每个班级都挺有序，值日老师也很尽职，很多都在楼层内巡视。

"毛校长，不好意思，今天真的堵车，我迟到了！"我心里一愣，怎么又是这样的话。原来这一楼层的值日老师也迟到了。"没事没事，平时你那么认真负责，偶尔一次没关系的。"这次尴尬的反倒是我了，我赶紧扯开话题，和她说起其他事情来。

一次无意识的行为，让老师们认为我是在查岗。我心里五味杂陈：感动、欣慰、无奈……其实，老师们真的不用说"不好意思"，学校是大家的家，我提醒大家就是希望大家更爱自己的家，更遵守家的规则。尽管我真的不希望听到"不好意思"这样的解释，但是我相信，能有这样想法的老师，即使明天他再迟到，我也相信他是事出有因的，我也坚信，他会迅速遵守家的规则的。

写于 2016 年 4 月 23 日

"疏堵"之间见智慧

今年高考,全国卷Ⅲ卷的作文材料是小羽带领团队创业成功的故事。小羽是幸运的,他靠自己的努力,研发出了一种新式花茶并获得专利;小羽又是不幸的,大量假冒伪劣产品充斥市场,自己辛苦创业的成果遭遇重创。此时,愤怒、不安、焦虑一定围绕着小羽。

堵,是一般思维下的正常行为。你出假冒伪劣产品,我就举报,或者花大精力来查实。这样自己的精力被牵扯被分散,自己的创业也一定会受影响。更让人无奈的是,不择手段造假的人的"歪才"让人无法低估,你花了大量人力物力财力去堵,效果会有多少呢?真的很难说。最后伤害的还是小羽和消费者。

此时,小羽该怎么办呢?他做出了有点出人意料的抉择:他将工艺流程公之于众。这样造假者不必偷偷摸摸,最主要的是这样可以避免消费者上当受骗。表面上看,小羽没有了独家经营的优势,专利也不"专"了,似乎亏吃得很大。实际上,小羽的抉择是十分理智的,与其看着自己辛苦创下的产业走向衰败,不如用自己的无私来寻求一条起死回生的道路。当然,仅仅将工艺流程公布,还无法彻底解决问题。小羽是智慧的,他知道只有用一定的规则和制度来约束,才能使行业更加规范。于是他带头拟定了地方标准,并请当地政府发布推行。

古代鲧治水用的就是"堵"的办法,但是九年劳民伤财,没有成效,最后被处死于羽山。鲧的儿子禹用的是"疏"的办法来治水,最后疏通九条大河,消除了久治无效的水患。我们无法揣测小羽是否从禹治水上得到了启发,但是他就是摒弃"堵"采用"疏"的办法才使自己走出困境,最后成为众望所归的致富带头人。

小羽在"疏""堵"之间作出了正确的抉择,他的事业越做越大。在我们的学校教育中,也经常会遇到这样的事情,但是很多时候我们又是怎么做的呢?

因为外出活动遇到了意外,于是取消一切春秋游;因为玩单双杠容易摔伤,于是小学再也难觅单双杠的踪影……很多时候,我们就是采取这种"堵"的办法。走向大自然,在野外享受课堂学习之外的快乐是孩子们多么向往的事情。可是,很多地方的孩子只能是望"春游"而兴叹。虽说现在孩子们的家庭条件都很好,很多父母完全有能力带孩子到更好玩的地方游玩,但是集体活动的魅力永远是无法替代的。玩又是孩子们的天性,我们小时候,学校都有单双杠,虽然女孩子无法玩转单双杠,但是哪怕在单双杠上吊一下、甩一下,都觉得挺满足。男孩子们在单双杠上灵活翻动,更是让我们佩服和向往。如今,小胖墩越来越多,孩子们的身体素质越来越差,虽不能全怪罪于单双杠的取消,但毋庸置疑,这是原因之一。更何况以安全为名义取消的体育运动何止是单双杠。

其实,我们真该好好向古代的禹学习,向现代的"小羽"们学习,"堵"绝对不是上策,"疏"才是解决问题的办法。春秋游,从预案开始认真制订,把活动中的每一个细节都考虑周全,当然更重要的是对学生做好有针对性的教育,活动中老师要尽到责任。每个环节都做到位了,安全事故自然会减少。再说,即使真的碰到意外,只要大家都是尽心尽责的,直面问题也没什么可怕。至于减少单双杠的危险系数,那更是容易。将孩子带到单双杠前正确示范,多次练习,反复教育,学生的安全意识自然会建立,减少安全事故自然不在话下。可惜,我们现在有太多的条条框框,有太多的责任压力,导致很多一线学校只能"因噎废食",这是可怜的,也是可悲的。和小羽创业故事中一样,假如小羽采用"堵"的办法,问题解决不了,伤害的是消费者。我们的教育采用"堵"的办法,伤害的自然是我们的学生。

"疏""堵"之间见智慧,小羽是智慧的,最该体现智慧的学校遇到这些事情的时候何时也能变得那样智慧呢?

写于 2016 年 6 月 18 日

我们真的需要"仪式感"

刚在无锡结束的作文导师团第三届导师大会上,组织者阿牛老师结束讲话很真诚,具体内容我已经无法全部记清楚了,只是有一个词儿却牢牢地记在心里,那就是"仪式感"。

阿牛老师讲到:导师团每天的微信公众号内容发布都在早晨6点左右。曾经有老师提出过,老师们一般会在12点左右完成公众号内容编辑,如果那时发布,还没入睡的人因为可以关注的内容不多,也可以吸纳更多的粉丝。但是阿牛老师否定了,还是要求雷打不动放在每天6点左右发布。为何?阿牛老师说,这就是一种仪式感。

这不由得让我想起几年内多次阅读过的《小王子》中有关仪式感的经典片段:

小王子在驯养狐狸后的第二天又去看望它。

"你每天最好在相同的时间来,"狐狸说,"比如说,你下午四点钟来,那么从三点钟起,我就开始感到幸福。时间越临近,我就越感到幸福。到了四点钟的时候,我就会坐立不安;我就会发现幸福的代价。但是,如果你随便什么时候来,我就不知道在什么时候该准备好我的心情……应当有一定的仪式。"

"仪式是什么?"小王子问道。

"这也是一种早已被人忘却了的事。"狐狸说,"它就是使某一天与其他日子不同,使某一时刻与其他时刻不同。"

是啊,每天6点左右发布作文导师团微信公众号内容,让人觉得这一时刻与其他时刻不同,这就是作文导师团固有的仪式感。因为这种仪式感,编辑老师会有更强的责任感,读者也会有更强的期待感,因为每天在固定的时刻作文导师团一定会发布最新的内容。仪式感真的能给人带来自我暗示,从而引导大家做事更加认真,更加专注。

全国第二届"教育行走"教师公益研修夏令营中,每天活动之前都会安排"晨诵时刻"。领诵老师精心准备内容,先自己声情并茂地诵读,随后全体成员起立,共同诵读。

做惯了观众，习惯了欣赏台上人员的表现，很多时候，在不知不觉中会淡化自己的角色意识，因为我们会觉得台上的一切与我无关。然而，当我们全体起立，跟着领诵老师投入地诵读跟教育、跟生活有关的优美文字时，内心不由得升腾起一种自豪的美好感觉，因为我们是行走在全国各地的教育人，我们都在寻找着教育的美好。

这样一种全体诵读的仪式，让简单的事情变得不普通，甚至变得更有庄重感了。仪式感，强化了我们的精神诉求，唤醒了我们的美好情感。

成人需要仪式感，我们的孩子更加需要仪式感。

10月13日，传统的建队节，我们举行简单而又隆重的入队仪式。对于刚入校的一年级孩子来说，也许除了好奇，还不能有太多的感受。但是这种仪式终究会在他们的脑海中驻扎，随着年岁的增长，这种仪式感给他们带来的影响会自然而然发生。我们五（1）班的徐朱雅同学就写过这样一段文字：

"一个阳光灿烂的午后，天上飘着几朵白云，微风拂动着岸边的垂杨柳，鸟儿唱着欢快的歌声。我们排着整齐的队伍，庄严地走进了这里——报告厅。今天，五年级的我们将在这里完成一个光荣而神圣的任务——为一年级的小朋友们戴上鲜艳的红领巾。

"进入报告厅，只见小朋友们正安静地坐在位子上，耐心等待仪式的开始，他们脸上露着高兴而纯真的表情。此情此景，不禁让我想起了当年：那时，我也是上一年级，同样的场合，同样的情景，我怀着激动而紧张的心情，戴上了红领巾，从此，我成为一名光荣的少先队员，宣誓要为红领巾增添新的光彩。

"当年是我戴上红领巾，而今天，是我为一年级的小朋友戴上红领巾。我们班的每一位同学手捧红领巾，有秩序地走到小朋友的面前。我想此时此刻我们每一个人一定都是心潮澎湃的。"

很简单的文字，很真实的感受，文字中不难看出，仪式感给她带来了很大的快乐，也给她带来了难以忘怀的记忆。

我们时常会听到这样的抱怨：浮躁的时代造就了浮躁的人。越是在这样的时刻，我们越需要仪式感。几次亲历的活动，让我真切感受到仪式感的重要性。多一点仪式感，让某些时刻变得特别，变得美好。仪式感适用于成人，更适用于孩子，我们真的需要仪式感。

写于2016年8月6日

微不足道的事情也温暖人

前几天,接到6月底刚退休的老教师电话。他一开口就满是歉意,说知道我很忙,但还是忍不住打电话,实在感觉不好意思。

这是一名老党员,也是我很尊敬的老教师,来到这学校3年,与他接触的不是很多,但是,学校缺人时他在临近退休的这一学期仍旧挑起教学重担,一直让我很感激。照理说,一个老前辈,无论什么事情,无论什么时候打我电话,都没什么需要抱歉的。但是,这就是为教学事业奋斗了一辈子的老教师,他们扛过重担,他们吃过大苦,在学校时,遇到什么事情,他们一般都会自觉处理,很少会把矛盾推给学校领导,他们是谦逊的,他们是有担当的。这也让我想起现在的独生子女年轻老师,虽说时间能够历练人,但是时代不同、经历不同,待人处事方式也是非常不一样的。

就是这样一位老党员教师,还没说事情,就这么表达抱歉之情,不管他是客套还是真诚的,作为晚辈,我都觉得心底沉沉的。说不清是对老前辈不必要的抱歉的愧疚,还是对新生代老师的担忧。总之心底不是滋味,不过绝对不是针对这位老教师的。

没办法表达得淋漓尽致,但还是告知他,打我电话我很高兴,无论什么事情,只要我能帮忙,一定会尽力。

老教师这才切入正题。原来他6月底退休,照理说7月份凭退休证就可以领取公积金。他也知道办理退休手续需要时间,所以等到8月份他想去领。但是退休证一直没拿到。如果不是急着用这笔钱,退休证早点晚点无所谓,重要的是他早就跟人说好,8月份这笔钱要派用场。于是他电话咨询我们办公室主任,主任直言相告,2月份退休的还没拿到退休证,但是她会到相关部门咨询。几个部门咨询下来,因为种种原因,确实领不到。这位老教师听到消息,很是气愤,甚至也想过直接找相关部门质问。但是毕竟是老党员,尽管证在自己手里,钱也是自己的,但没有手续还是办不了,当务之急是解决问题。于是他才想到给我打电话,看看有什么解决之道。

这位老教师以前跟我聊过家庭情况,他所说的要用钱,我是完全理解的。领不到退休证,尤其是早已退休的老师还没领到退休证,我还是有点诧异的。

但我不能火上浇油，先是感谢他对我的信任，愿意让我们再去协调，随后只能好言相劝，并且答应一定再跟相关部门协调。对我的表态，这位老教师千恩万谢，同时再次强调，要不是因为着急用钱，他坚决不会麻烦我。我听了心底真的不好受，他反反复复地道歉，再三再四地声明，似乎错的反而是他了。这就是善良的老百姓，也是让我感动的退休党员。

挂了电话，我第一时间和办公室主任核实，情况全部属实。我打相关部门电话咨询，说还没办理好。这位老教师把我当领导，以为我出面总比他出面要好点，其实我打电话过去询问，和普通人询问不是一个样吗？这位老教师要的是钱，钱是公积金中心领取的，能不能从公积金中心入手想想办法呢？于是我从网上搜了公积金中心的咨询电话。我把详细情况说了一遍，接电话的工作人员很是认真，跟我确认了很多情况，我说特殊情况，员工要用钱，不用退休证能否领到公积金。她不敢确认，马上请示领导，没想到领导答复，用身份证和公积金卡可以作为一个特殊情况处理。喜出望外，但是我还是不太放心，询问要不要我单位出个证明什么的，领导回复，身份证上有个人信息的，不用。这次是我千恩万谢，挂下电话赶紧通知这位老教师，毕竟是非常规办理，我怕老教师去了又有变化，害他白跑一套，所以把公积金中心电话给了他，让他再次确认。

其实我根本没起到老教师认为的领导的作用，这件事能想得到的人都能做，但他对我这个所谓领导的感激之情是真诚的。

过后本想再询问一下他是否顺利领到公积金，但是事情一忙，还真是忘了。前天晚上，又接到老教师电话，他还是那样的谦逊，说这时候打电话是考虑到我该吃完晚饭了，不会太忙了。他非常欣喜地告诉我，公积金领到了，还是一大笔钱，而且已经派到用场了。他说他一到窗口，工作人员就问他要退休证，他非常自豪地说我们校长来咨询过，因为特殊情况，只要身份证和公积金卡就可以了，工作人员也不含糊，马上帮他办理了。

又是千恩万谢，此时他的语气是轻松的，欣喜的。而我，也得到了宽慰，而且心底暖暖的。

回首整件事情，本该是常规的工作，但是因为种种原因，给老教师带来了麻烦。对于学校，虽说不是因自己的失职所为，但是能为自己的员工做一点是一点。本是不足一提的小事，但是却得到了老前辈太多的感恩。再次感悟，人与人之间哪怕是非常微不足道的真诚帮助，也是能温暖人心的。

写于2016年8月20日

"暖"从活动中来

今天,小学部全体师生外出参加社会实践活动,中心校45辆大巴、望南19辆大巴顺利回校,孩子们陆续被家长接回去。我拖着疲惫的身子回办公楼,才长长舒了口气。活动终于结束了,虽然出了一点小意外,但我心底还是暖暖的。

一暖:德育处安排细致周到

从策划活动到车辆备案再到教师安排,德育处徐婷老师花了很多心思,那么多学生、那么多教师、那么多车辆,哪个环节疏忽都会引起连锁反应。加上带队老师的不确定性,有的怀孕请假了,有的突发疾病不能参加了,不是班主任的还好安排,要是班主任不能带队,真的很令人着急。好在徐婷老师做这个工作已经好几次了,也很有经验了,遇到事情都能很好处理。

上周五下发安排表,昨天中午召开班主任、年级组长、中层领导会议,今天早上出发前进行全校安全教育,徐婷老师处理这一切工作都有条不紊。安全工作谁都重视,谁都不敢有任何的闪失,徐婷老师在会议上讲的内容都得有文字稿。因为以前社会实践活动、校运会有孩子意外骨折,虽然没有任何外加因素导致,学校也什么都做到位了,但是家长还是不依不饶,要求赔偿。作为校方,没有过错自然不肯妥协,希望通过法律途径解决,结果教师大会上、班级晨会上进行的安全教育都得有文字作为证据,这也给我们提了个醒,光口头上强调还不行,一定得留下书面痕迹。如今我们校领导都有了这个意识,所以也不断对教师进行强化。很多时候我们知道,这有点形式主义,但是为了保护自己,我们只能这么做,所以每次讲话,徐婷老师都认真准备了讲稿。

二暖:所有人员都尽心尽责

出发了,在老师的组织下,三个年段有序分批上车,加上昨天已经联系好的交警中队干警非常负责任,一切都很顺当。来到无锡,太多太多的车辆,都是学生来参加社会实践活动的,事后得知,学生大巴竟然有160多辆呢!进入活动景区,按照惯例,一到三年级孩子不解散,在老师的带领下集体活动,四到六年级按照老师分好的小组活动。一到三年级的老师真的很辛苦,吃饭时间到了,老师们也只能轮流吃。老师们总是想方设法带孩子多玩几个项目,真心希望孩子们在这样的集体活动中玩得开心点。有孩子可能吃东西不太注意,肚子有点不舒服,我们的老师得单独陪着,还自己出钱买水给孩子喝。

外出社会实践活动是孩子们最期盼的,但也是领导和老师最怕的,不为别的,怕安全上出现任何闪失啊!几年前,也是在社会实践活动中,一孩子自己玩耍意外骨折后,给学校带来了不少麻烦。尽管学校没有什么责任,但是当时的紧张和忙碌还历历在目,以至于每次外出活动,我们都会有一些紧张和担心。我时不时关注群中,期望不要有任何坏消息,也期望自己的手机不要响起。但是,真的怕什么来什么。三年级吴振英老师班级一孩子买了关东煮被人撞翻,滚烫的汤从网眼鞋中渗入脚背,孩子脚背上指甲大小的皮掀起来了。班主任第一时间联系医务室,但是包扎后鞋子没办法穿了,自然也无法走路了。班主任还得带其他孩子活动,于是副班主任小年轻董萌老师陪着这个孩子在阴凉地方歇息。二年级顾晓燕老师班级一孩子自己去买冷饮,没看清楚前方的障碍物,一头撞了上去,结果头部流血了。在医务室包扎后老师感觉不太放心,准备送医院。导游要叫上一个老师一起去,班主任主动提出要去,但是还有那么多孩子要看管,于是另外叫上总务处薛总一起护送。反正上医院,也让董老师陪着烫伤的孩子一起去看看。保险起见,医生建议头部受伤的孩子最好缝几针,但必须征得家长同意。烫伤的孩子医院竟然不看,说要找专门的烫伤科。在外市人生地不熟,加上怕家长担心,大家商量后决定直接送孩子回学校所在地医院,于是大家又马不停蹄赶回去。

感谢我们的老师,很好地护送孩子回去,也和家长做了很好的沟通工作;感谢这次的旅游公司,服务态度非常好,不但全程陪护,还第一时间慰问。

三暖:家长的通情达理

孩子喜欢外出,但是领导、老师真的都怕。几千名学生,来到不熟悉的地方,人多加上孩子们好动,很难确保一点小事情都不出啊。平时家长带自己的一个孩子,都难免磕磕碰碰,我们的老师一个人要带几十个学生呢。但是家长带孩子磕磕碰碰,没有人会责难,一旦我们老师带孩子出了点小事情,往往难以承受压力之重啊!关键的压力当然来自家长,有的也来自社会和媒体。不知是社会大环境出了问题,还是人心出了问题,如今学校、老师的责任被无限放大,一有什么事情,首先会让人联想到安全事故,似乎事情就是由学校、老师不负责任所导致的。以至于现在的学校、老师做事情都变得战战兢兢，生怕一不小心就会出被套上安全事故这项让人不堪重负的帽子。所以现在的学校往往也会被安全所绑架，甚至被逼迫作出一些因噎废食的事情，比如很多地方根本不存在什么外出社会实践活动，有的学校甚至连体育运动会都取消了。我们也遇到过不太讲理的家长，也经历过蒙受不白之冤的事情。不过，为了孩子的成长，我们还是得正常开展活动，但是，我们承担的压力恐怕很难用言语表达清楚。

我们嘴上谁都不说，但心底都清楚，今天的小意外，最担心的还是家长。尽管我们什么都考虑到了，但是家长如果真的不讲理，我们也得陪他们耗着。学校领导、老师的忙碌，不经历的人也许很难想象到，即使不承担什么责任，陪着耗时间对我们来说也是一种折磨啊！

当我们带着其他大部队学生回学校的时候，薛总已经在大门口维持秩序了，我赶紧了解两个孩子的情况。薛总的回答让我们悬着的心放了下来，家长通情达理，说小孩子嘛，有点小事是正常的。头部受伤的孩子在医院缝了四针就被家长接回去了，脚背有点烫伤的孩子父亲也到学校把孩子背回家了。班主任老师也再次跟家长做了很好的沟通。

没有哪个学校不想把活动搞好的，没有哪个老师不想把事情做好的，但是有些意外真的是防不胜防。有了家长的宽容和理解，我们会更加宽心，今后我们也会更加放心大胆地开展活动。家长的通情达理真的让我们感觉暖暖的。

写于 2016 年 10 月 18 日

愿给班主任一点光亮

班主任辛苦、压力大，这毋庸置疑。很多时候真的很心疼我们的班主任。想给他们减压，但是一拨又一拨下达的任务，他们能不做吗？还有自己学校真心想开展的一些活动，能不做吗？当然最无奈的是来自社会、家长的压力，学校能承担的尽力承担，但是班主任会承受更多的压力。想增加点班主任的报酬，规定三百一月，我们开展一些考核，稍微多一些，但只能从绩效走，公用经费中一分都不能用。想提高基数也很难，因为绩效最初的说法就是你多拿了，就是我少分了，国家规定三百，凭什么你要增加。做班主任的辛苦忙碌和报酬不相称，我们都清楚，每年都有老师想辞去班主任，但是现实情况不允许。年轻的班主任赶鸭子上架，不行也得上，于是状况还真不少；年龄大的有经验的班主任是限于情面或者说看到学校也无奈，坚持着当班主任，他们盼望更多年轻班主任能接任，他们才好解脱。谁都知道班主任重要，但太多无奈和尴尬决定了班主任境况的不理想。

当然班主任也有幸福，当你的学生给你带来不经意的感动的时候，你会有幸福；当你的班级取得方方面面好成绩的时候，你会有幸福。但这些小幸福往往还是会被太忙碌太辛苦所带来的烦恼所覆盖。总体来说，班主任的不幸福指数大于幸福指数。

虽然不当班主任，但是我理解班主任的苦。虽然无法改变大环境，但我渴望能带给班主任一点光亮，哪怕只是一点点，我也愿意尝试。

全国著名教育专家班主任工作艺术报告会在扬州举行，很早我就让德育处报了名，因为上一届我们也参加了，大家反馈虽然条件艰苦了点，但内容还是很不错的。这样的外出学校一般会派一些骨干教师参加，因为费用比较多，内容也比较高端。但我有不同的理解。经常可以看到一些班主任平时工作真的很努力，但是班级时不时有状况，他们自己也很烦恼，我们领导也打心眼里替他们着急。还有一些新班主任，自己就是独生子女，在家里依旧被父母宠爱着，但是一走上工作岗位就要当几十个孩子的"头"，而且事无巨细什么都要管，他们不是不想管好，很多时候他们是缺少方法，他们显得很无助。我希望给这样的班主任一些机会,让他们出去开开眼界。当然我也知道作讲座的班主任都是专家,我们外派的老师和他们的差距肯定很大。不过没关系,本来就是希望给他们带去一点光亮,能让他们知道班主任工作原来可以做得这样有声有色,那也是很大的收获。再说,如果这样的学习能够让班主任有一丁点的触动,那就更好了。星星之火可以燎原,说不定我们外出学习的班主任能把学习到的点滴经验扩大化,很好地移植到自己的工作中呢。所以这次培训,除了一位带队的班主任很有经验,外出学习相对也多一些,其他都是原先不大可能被外派参加这样的学习的老师。我自己也特别渴望学习,平时会议很多,但走心的培训却很少参加,我饥渴的内心也需要滋养,所以这次也以普通教师的身份和他们一起前去听课。

李凤遐老师,做了 32 年的班主任,如今虽然已经是一位退休的花甲老人,但精神矍铄,她铿锵有力地告诉大家:要想健康,当班主任;要想年轻,当班主任。她愿意一辈子当班主任,当班主任是她一生无悔的选择。这不是空喊口号,李老师把班主任工作做得风生水起。

她爱做班主任是实实在在摆在面前的事实。我们听得很感动,在当今绝大多数老师不愿意当班主任的情况下,能听到这样愿意当班主任的声音,真的很不一般。这样的讲座,真的是给我们"洗了脑",听听别样的声音,也是不一样的风景。

梅洪建老师的讲座理论与实际相结合,如果说李凤遐老师的讲座是春天里温暖的风,那么梅洪建老师的讲座则是夏日里及时的雨,理性,现实,奔着解决问题而去,讲的内容操作性很强。梅老师的讲座技巧也很高,我们的老师说听梅老师的讲座不能有一丁点的分神,因为上下联系紧密,漏掉一点,听下面的内容你可能会感到有点吃力。我一直在想,要是我们的课堂也这样高效,那该多好啊!

于伟利老师的讲座我也是第一次听,她从讲第一句话到结束,两个小时左右,没有 PPT,不看讲稿,全是自己的讲述,滴水不漏,更让人想不到的是她站在原地,有体态语言,但身体一点也没挪动位置,可见她的严谨。当然,更加让人想不到的是她的工作,无论是班主任工作还是学科教学工作,她都是独占鳌头,早早走在了山东枣庄老师的前头,所以年纪轻轻的她几乎所有荣誉都获得了。听她的讲座,我们都觉得她真的太厉害了,当然这样的厉害是用她的勤奋换来的。

《德育报》社长张国宏也作了个简短的报告,他是站在报社人的角度来看班主任工作的,既讲了班主任工作的不易,也讲了班主任工作的前景,算是让我们接受了一次综合的教育吧。

一天半的学习,安排得满满当当,而且每个讲座都很精彩,即使暂时无法运用到实践,但精神的充盈、眼界的开阔也是最大的收获,所以即使占用了双休,大家也觉得很值。回来的路上我们也在交流,以往学习总会有分神甚至是瞌睡的时候,这次我们六人始终坐在第一排,始终是聚精会神地听,这本身也是一种不小的收获吧。

但愿这次学习真的能给我们的班主任带去一丝光亮。

写于 2017 年 4 月 6 日

规则制定了,执行最重要

几位同学闲聊,其中一位牢骚满腹地说:"累死了,这种日子什么时候可以到头啊!"

"稍安毋躁,快了快了!你教低年级,现在确实很累,一个月后你和孩子们都适应了,你就不会那么累了!"我劝导她。

"一个月?现在开学已经半个月了,可我班还有学生在进来,你说一个月能适应?做梦吧!"同学有点愤愤不平。

"好,好,辛苦了,低年级老师最伟大,向你致敬。不说这些了,我们说些开心的事情!"听出了火药味,也感受到了同学的无奈,我赶紧扯开了话题。

开学半个月,照理说一切早就步入了正轨,但是还有插班生在进来,书、本子、座位等等都得调整。更让人担心的是,半个月的时间,教学内容已经完成了好多,落下的内容肯定得老师利用课余时间去补起来。同学的愤懑我理解,但是同学学校的做法,我想也是出于无奈。有哪个校领导愿意开学半个月还在接收插班生呢?

那么有没有办法杜绝这种现象呢？

前天，体检的时候和南校区的老师在一起，也说起了开学秩序。有老师说，南校区开学第一天就秩序井然，该到的学生早就到位，不该到的学生一个也没有。他们也知道，这几年学校完全按照规则在行事，也为学校能够坚守这么一份规则而欣慰。

南校区，是接收买房户孩子、积分入学孩子以及外地户籍插班生的学校。现在入学需求太大了，建学校的步伐远远跟不上，我们的南校区每个班级学额爆满，每到招生季，就是最令人头痛的时候。

怎么办？谨慎设立规则，严格执行规则。

实行积分入学三年以来，我们学校的积分底线年年全区最高，买房户孩子入学的社保证明和居住证也严格按照要求提供。插班生除了满足公示的条件，逾期坚决不再办理。

我们国家历来讲究人情，在入学的问题上，热心人也真的很多。有很多人认为，孩子读书的需求应该满足，至于规则，是人定的，于是电话不断，招呼不断。

假如违心屈服于人情，置规则于不顾，闭闭眼收了这个，似乎解决了难题。但是那个怎么办，谁不能找到关系说情，你能有多少能力克服更多的困难。而且规则一旦突破，你就再无法理直气壮面对别人的质问。

在资源紧缺的情况下，我们唯一能做的就是按照既定的规则严格执行。哪怕被人说不讲人情，不懂灵活；哪怕遭人投诉、唾骂……

几年下来，虽然仍旧不被人理解，虽然仍旧会遭遇投诉、唾骂，但是打招呼的人少了，我们的秩序井然了。

老师们说，这是学校执行得好，而我一直说，没有政府领导的支持，学校再坚持那也是无力的。

这几年我们学校在招生问题上能做到严格按照规则来进行，政府领导的严格控制是最重要的。每次有人说情，我们总是说："不好意思，我们现在是完全按照招生规则来进行，真的没有任何例外。"于是他们又找到政府领导，在他们认为，学校是政府办的，而他们不是在当地办企业，就是在当地打工，也是在为地方作贡献。只要政府领导一句话，学校肯定能解决。但是我们的政府领导从没强压给学校任何任务，相反主要领导总在大会上宣传，学校学位紧张，不符合要求的坚决不要打招呼，打了招呼也解决不了。慢慢地，打招呼的风气也好转了很多。政府主要领导风气正了，其他人自然是紧跟而上。这样我们学校的入学风气自然是越来越正。难怪乎我们南校区的老师会说，开学第一天，学校就步入了正规，再没有像同学班级那样，开学半个月，还有学生在插班。

  一个好风气的形成，规则真的很重要，但是规则制定了，还要人真正去执行，尤其是有实权的人员要带头执行。我们学校庆幸遇上了一批遵守规则的政府好领导。

写于 2018 年 9 月 15 日

相信每一朵花都会绽放

  来到福州，我们参观了仓山区培智学校。大巴来到目的地，却找不到大门，绕了一圈，经过一条狭窄的小路才来到仓山区培智学校。那条路真的很狭窄，路面虽然用水泥铺就，但不是很平整，尤其让人奇怪的是，水泥地面上留有不少脚印，一看就是铺路时很随便，没把这条路的铺设当回事。再看看周边环境，有崭新的高楼，但是学校周边还有几栋极其破旧的老房子，而且就在学校一墙之隔。看惯了家乡学校周边的良好环境，我们忍不住嘀咕，在这种环境下的学校，会有什么办学成效呢？我们怎么会来到这所学校参观呢？

  可是走进学校，站在校门口迎接我们的校长以及几位女老师就惊艳到了我们。一身火红的连衣裙，配上得体的举止、热情的接待，就那么成了一道风景。好几位女校长一看到她们，就连连称赞，还忍不住说："哇，她们的身材好好哦！"事后得知，这些衣服不是我们想象中的校服，而是这学校老师自己在网上购买的，遇到活动，她们都穿上，学校团队精神得到了很好的展现。

  来到操场，学校所有 100 多名孩子和 25 位老师都在操场等候，因为他们要给我们展示大课间活动。看看那些孩子，"特殊"的外在表现得还真的很明显，有的一看就是唐氏综合征患儿，有的是脑瘫导致的身体部位的不灵活，有的是坐立不定需要老师或者家长牵着手扶着肩时时照顾的……孩子们的"特殊"情形各不相同,但是他们的热情却是相同的。走过他们身边,他们有的会发出叫声打招呼,更多的是不停地朝我们挥手打招呼,我们也融入情境,不停地挥手回应。坐定之后,大课间活动开始。绘本情境故事演绎得活灵活现;器乐表演节奏感强,表现力足;竹竿舞应对自如,灵活多变;篮球、跳绳等体育活动更是充满活力,生机勃勃……场上不时响起热烈的掌声,半个小时的活动,我的手掌真的拍红了,因为每一个活动结束后我都是使劲鼓掌,那是发自内心的赞美。我早已忘记了这是特殊孩子的表演,因为他们的表演和正常孩子并没有什么两样。活动结束,我才从恍惚中回过神来,那确实是些特殊孩子。我们都在惊叹,即使是普通孩子,要达到这样的成效,那也要花很多很多心力,更何况是那些特殊孩子呢!我们在赞叹孩子的出色时,更加敬佩的是这所学校的老师。讲述故事时,老师是一分子;器乐表演时,老师在第一排表演;竹竿舞摆竿的是老师,跳舞的也有老师;跳绳老师点数,篮球老师一起……再看看走廊里,无论是哪个活动,几名老师永远面对着表演的孩子,有的是在喊口令,有的是在做示范。短短的30分钟,无论是哪一个活动,老师始终和孩子融入一起。孩子们的运动量是大的,老师们的运动量更大。校长甘霖告诉我们,他们学校特别注重大课间活动,他们想方设法要让孩子动起来。我们今天看到的其实就是平时训练的结果。活动结束时,我们的领队陈主任也感慨地说:"走了那么多特校,看到很多学校的特殊孩子都是胖胖的,因为大多数特殊孩子都不爱运动,但是在这所学校,很少看到胖孩子,看来跟这所学校倡导的让每一个孩子动起来不无关系"。当然这也不难解释这里的老师身材为什么那么好了,要让孩子动起来,老师首先要动起来,而且比孩子的运动量还要大。

　　随后我们跟着甘校长参观,我们真的没想到,简陋的外环境下藏着的是一所精致的学校,每一面墙,每一扇窗,每一个角落,都精心设计,无论是造型、色彩,还是内容,都让人觉得特别舒服,特别温馨。我们不停地拍照,惊叹之情溢于言表。甘校长告诉我们,学校的所有布置,都是老师们自己设计、精心布置的。老师们真的很辛苦,但是他们很乐意,因为这是一个有爱的群体,这是一个团结的群体。从走进校门开始参观,一直到出校门离开学校,每一处都有好几位老师在热情招呼。我们总感觉这所学校有很多老师,事实上这所学校真正在学校上班的老师只有25位。大课间结束后,除了在班级上课的老师,所有老师都参与了接待,他们对我们的问候是那么真诚,他们的引导是那么热情,我们每时每刻都感受到他们身为主人的那份责任感。一个学校的团队,能调动起每一位老师如此的积极性，真的又一次让我们赞叹。

甘校长的分享也让我们深深感动。培智学校能有今天真的太不容易了。一开始，培智学校用的校舍都是别人用过之后不再使用的，很多还是危房，几经周折，搬到现在的校舍，但是却无法得到周边居民的理解。培智学校接纳的都是特殊孩子，大多数孩子智力有障碍，由于落后的传统观念，居民们认为这样的学校放在这里不吉利，于是直通大马路的通道被堵了，所以我们才会曲曲绕绕后才找到校门。既然直达的通道被堵，那就绕道吧，但是在修路时，居民还是出来干扰，你修路，我就组织人员来堵路。尽管最后路还是修好了，但是那么狭窄，完全没有一般学校应有的道路通畅，我们看到的路上的脚印就是当时居民阻挡时留下的。校园空间很小，周边的几乎破败的居民楼早就列入了拆迁范围，但是拆迁条件达不成，一直无法动迁……在这里，办学竟然如此艰难，真的让我们不太敢相信。但是孩子们需要更好的学习生活和康复环境，全身心爱着这些特殊孩子的甘校长团队没有被这些困难难倒。不被人接受，她们就用自己的实际行动让更多人了解学校：一次次精彩的表演，一场场主动争取的活动，她们用汗水和心血浇灌出了实力之花，让更多人知道了培智学校，也让更多人开始关注培智学校。如今，培智学校的名声在外，办学处境已经比以前好了很多。

培智学校康复大楼对面的一堵墙上，写着"相信每一朵花都会绽放"。苍山培智学校的孩子，他们都曾是先天不足的弱苗，但是他们碰上了一群有爱的特教人，有了这群特教人的无私奉献，这些弱苗不但开出了一朵朵小花，而且得到了最大限度的绽放。

写于 2019 年 4 月 19 日

做一个关注教师的校长

这个暑假,天天上班,周围邻居看见了,总有人不理解,说同样是老师的某某暑假后天天在家,你怎么天天出门上班。我只是笑笑,事情太多了,只能天天上班。确实,因为疫情,今年放暑假时间比较晚,但7月18日开始,绝大多数教师都可以休暑假了。身为校长的我,暑假定定心心休息是不大可能的。正如前两天碰到的一位校长所言,平时还有双休或者单休,一到暑假,连双休、单休的概念也没有了。因为学校的很多建设或者维修,都只能放在暑假进行,暑假也是招生、教师调整的重要时段,作为校长,不用亲自去做事情,但是在校办公,让相关工作人员随时能够找到是必须的,所以想要休息确实很难。当校长这么多年,似乎也已习惯了这样的生活。校长要关注的事情真的很多,而我暑假中最关注的还是教师的事情。

关注教师,自然要关注教师的专业发展。今天是全市教师素养大赛的日子,我们学校几十位40周岁以下的教师都参加了比赛。这个大赛应该是苏州市的独创吧,符合年龄要求的语文、数学、英语老师都要参加。我没有参加过,但是知道参赛老师既要考理论,又要考解题,对个人素养要求还是很高的。而考试结果对教师的评职称等个人成长也能起到很大的作用。暑假之前,我就和马校商议,要为教师制订切实合理的复习计划,也要提供必要的复习指导和试题。教导处一班人确实很努力,除了组织校内统一的比赛外,各学科还各尽其责、各施其策,不断在群里进行提醒、督促。当然我也知道,我们学校的老师要想取得好成绩,要比其他人付出更大的努力。因为招聘机制的原因,到我们偏僻乡村小学的老师无论是学历层次还是学业成绩都是比较偏后的,因而从个人素养来说,我们学校教师还是显得"先天不足"的,要想取得好成绩,"后天"必须下苦功。先前几年的比赛,我们一直秉承着"笨鸟先飞"的原则,扎扎实实训练,老师们还是取得了比较好的成绩。这几年,随着上级部门对素养大赛越来越重视,所有学校也对素养大赛的要求越来越高,这样我们的"笨鸟先飞"的优势也就不明显了。不管怎么样,我还是衷心希望我们的老师在今天的素养大赛中取得优异的成绩。

关注教师，还要关注教师的到位问题。每到暑假，一直担心教师不足，下学期的课程无法合理安排。也许这不光是我们一个学校的事情，我们区域很多学校都存在这个问题。根据学科要求以及师资情况，对于下学期教师的需求数，我们很早就报给教育局了，结果从20多个删减到10多个，最后只给了5个，不是教育局不想给老师，而是编制委员会办公室没有名额。教师不足怎么办？招聘代课教师。但是代课教师很难招到，即使招到了，管理上也有很大的难处。因为同工不同酬，而且代课教师没有评优评先评职称的通道。当我们校长聚在一起的时候，一讲到教师问题，都是唉声叹气，但是谁也没有更好的解决办法。没有稳定的师资，很难有优质的教师质量啊！

关注教师，还要关注教师的内心感受。校长要关注的事情确实很多，教师的感受其实只是一个细节，但是这个细节往往会影响教师的整个成长。曾经听到过这样一个真实的故事。一位教数学的青年教师，工作的时候兢兢业业，确实也作出了不少的成绩。因为工作需要，学校想让她改行教其他学科。临到开学的时候，由于原来的数学学科没有合适放心的人选，所以在副校长的协调下还是要她教原来的数学学科，这位青年教师欣然接受。有一次校长临时找这位青年教师做事，快到上课时间了，她说她先去安排一下课务。校长很奇怪地问："现在的时间都是语文、数学、英语课，你怎么会有课务？"这位青年教师当时很平静地告诉校长："我还教数学。"校长也没在意，只是随口说了一声："你怎么还教数学？"本来是一个很平常的对话，但是却对这位青年教师打击很大，因为她觉得，校长平时口口声声说关心她，但是连她上什么学科都不知道，原来这些关心都是假的。从此她的工作热情大打折扣，甚至萌生了想调换学校的念头。这位青年教师的想法有点极端，但是这件事情也反映了一个问题：教师特别在意校长的关注。所以，作为校长，为了尽快叫出新教师的名字，要提前熟悉资料，了解青年教师的情况。开学后也要尽早和新教师谈话，了解他们内心的真实想法，对于他们遇到的生活困难也要尽可能给予帮助。教学业务上，也要尽最大努力帮助他们。校长一个微不足道的关心，对新教师来说也许是一种莫大的鼓励。关注教师的感受，作为校长的我必须时刻在意。

一个好校长成就一所好学校。我从不敢自诩为好校长，但是关注教师，是校长必须做到的，我也一直在努力践行。

写于2020年8月15日

特别的年夜饭

今年过年对于外地教职工来说真的太不一样,因为疫情防控要求,倡导留苏过年。对于上级要求,我们肯定是执行的,但是外地教职员工想和老家亲人过团圆年的心情我也是理解的。尤其是那些单身教职员工,平时上班忙忙碌碌,吃饭尚有单位食堂解决,因而并不会感到太孤单,也不会感到生活有多大的麻烦。但是我们年前10多天就放假了,一下子有了那么多空闲时间,那些不怎么会做饭的单身教职员工,除了孤单,还有吃饭的麻烦,所以我也特别理解单身教职员工的无奈。

发出倡导留苏过年的通知后,校长室、工会就商议我们能做什么。买点慰问品是肯定的,但总觉得这不能完全体现我们的心意。对于中国人来说,过年吃一顿年夜饭一定是重头戏,所以有人提出请留苏单身教师吃一顿年夜饭。大家倒也赞同这一提议,但是疫情防控期间上饭店吃不是很好,再说在饭店吃年夜饭总觉得少了点年味,最好是自己做年夜饭。正好戴影华老师合租的另两个小姑娘都回家了,她家的客厅和厨房间都够大,我们决定到她家做年夜饭。总务主任主动请缨,他来掌勺,我们几个平时不怎么做饭的人都愿意打下手。大体方向定好后,我们就商量一些细节,比如我们要包点饺子,我们还要赠送春联、福字,我们赠送的礼品也要看上去红红火火,另外我们也要准备一些小节目,到时候边吃年夜饭边活动,我们还可以让留苏老师和老家的亲人连线报平安等。我们把日子定在小年夜前一天,因为越接近除夕,年味越重,也是留苏教师最需要安慰的时候。为了不突破人数的要求,我们校长室人员、工会主席以及总务主任参加。总务主任还叫了教技室副主任一起帮忙,这样早上可以一起买菜,还可以解决摄影和拍小视频的问题。大家越说越兴奋,觉得我们的创意是比较好的,虽不能完全消除他们的思乡之情,至少能让他们感受一点苏州的年味,我们是真正和留苏教师一起过年。会议结束后,工会主席朱春兰迅速拟写出了一份详细的方案。

随后的日子里,我和朱春兰也时不时进行商议,比如要买一些有新年寓意的菜,比如春联和福字最好让我们的老师亲自书写等。看到人家都戴着红围巾特喜庆，我们也想戴一下。但是近年关了，网购怕来不及，黄埭小学的张校长知道后，主动给我们提供了红围巾。

2月9日，8点左右，总务主任薛明就带着曹钢去买菜了。因为事先有策划，买的菜也有讲究：白斩鸡，富贵吉祥；糖醋排骨，来年节节高；豆腐豆芽，万事如意；荸荠年夜饭，聪明又聚财……下午3点，我们所有人员带着慰问品都来到了戴影华家里。

薛明和曹钢早已在忙碌了，择菜、洗菜、切菜、炒菜都在有条不紊地进行着。其他几位男老师则在戴影华家的大门上贴上了春联和福字，这是朱主席事先让我们的书法老师陈晓东书写的，比在大街上买的更有意义。

我们决定先包饺子。由于我们这边不大吃饺子，擀面皮的事情做不大来，所以买了现成的皮子。但是肉馅我们要亲自剁，因为自己剁的肉馅更加鲜美，而且在砧板上剁肉馅的有节奏的嗒嗒声增加了烟火气，也让年味浓了不少。肉馅剁好了，就开始包饺子。大家都吃过饺子，但是谁都没有正儿八经包过，于是各式各样的饺子都出来了。除了常规的饺子，圆形的有，三角形的有，四边形的有……每包一个奇形怪状的饺子，大家除了惊叹之外，就是哈哈大笑。人多力量大，不大一会儿就包了好多各式各样的饺子。有人提议将各种形状的饺子各挑一个出来，围成一个圆，意味着团团圆圆。又有人提议，将饺子拼成"2021牛"的字样，祝愿所有人2021牛年更牛。饺子图形、字样拼成后，大家又抢着和它们合影。此时，没有上下级之分，大家抛开了所有的拘束，快乐的气氛在小屋里弥漫。

开始吃年夜饭了，满满一桌子菜。在苏过年，自然做的是地道苏帮菜。每出一个菜，我们都要向留苏教师介绍一番。总务主任厨艺真不赖，菜美味可口，尽管大家都说吃得很饱了，但是每出一个菜，还是争相品尝，并且大力夸赞。席间，几位老师和家人视频连线，不但向家人介绍一起吃年夜饭的领导同事，还将满满一桌年夜饭拍给亲人看，并且让家人放心，尽管留苏过年，但是一切都好。我们也感谢家长把孩子交到我们学校，同时也请他们放心，在苏过年，我们一定会照顾好他们。

欢笑声、赞美声、祝福声溢满小屋，置身其中，满满的感动。活动最后，我们一起唱起了《难忘今宵》，尽管歌声并没有电视里的优美，但我们每个人心底都感觉暖暖的。尽管和留苏过年的单身教师一起吃的年夜饭在依依不舍的道别中结束了，但彼此心中的温情却不会结束，不但温暖留苏教师，也温暖了我们几个学校领导。

一顿特别的年夜饭,带来了特别的温暖,真的让我们难以忘怀。

写于 2021 年 2 月 13 日

做自己喜欢的事情而愉悦

今天中午,和请来的音乐兼职教研员邹老师一起吃饭,她说:"音乐是我自己喜欢的,少先队、德育也是我喜欢的,所以尽管现在很忙,但做这一切是我心甘情愿的,我很幸运,考上了老师,今天才会有机会做自己喜欢的事情。"

邹老师是我以前的同事,这次主要是请她来指导我们即将参赛的年轻老师的。她当时就读的好像是戏曲学校,那时候做教师条件比现在要宽,她就进了我原先的学校做了音乐老师。她特别喜欢声乐,唱歌也很好听,自己也很上进,一步步成长为校音乐教研组长、区音乐兼职教研员,还被提拔为学校德育处副主任。

这次我们学校有音乐老师参赛,学校又没有特别硬气的音乐老师能指导。为了让年轻教师更好地成长,我和区音乐教研员沟通,看她能否推荐区内老师来我们学校指导一下。音乐教研员推荐了邹老师,于是我就把她请了过来。

邹老师指导特别认真,到吃饭时间了,她还没结束,我们说先吃饭,她说那吃完饭马上再探讨。我们被她的认真所感动,也为她这样的无私付出而过意不去,而她觉得做这一切她很开心,所以才有了一开始的话语。

在感恩邹老师的同时,我们也为邹老师而高兴,能为自己喜欢的事情而忙碌,确实是幸运的。因为忙碌,也许身体的劳累是不可避免的,但是内心的满足能给人带来很多的愉悦,带来无穷的力量,也能让人永远充满活力,看上去永远是热情似火的。

邹老师是这样,其实我们身边也有很多这样的人。因为我们的小中医社团,我结识了相城区中医院的于院长。经过短短一两年的接触,我发现他对中医药的热爱是超出我的想象的。

  我们的小中医社团是周三中午进行活动的,于院长和他的团队总是利用休息时间来给孩子们上课,尽管我曾提出适当给予一点辛苦费,但是他们拒绝了。我以为医院会有所补贴,但是后来得知,都是义务的。尽管报酬不是最主要的,但是能为没有任何回报的事情放弃休息时间认认真真做,显得更加可贵。于院长上课也特别用心,他说每次上课之前,他都要认认真真备课,仔仔细细做PPT。我认为他们中医药知识那么丰富,给孩子上课那是手到擒来的事情,但是他很严肃地说:"老师整天和孩子打交道,知道孩子想要什么,我要想把自己所知道的中医药知识教给学生,让学生听得懂,有兴趣听,那是很有挑战的。"因为他的用心,所以他的课堂最受学生喜欢。我们刚开设小中医社团的时候,他还不是副院长。成为副院长后,他特别忙碌,所以原先在计划新一轮社团活动时,他只是协调组织,不亲自上课了。有一次,他在医院坐诊,一个孩子认出了他,临走时对他说,他特别喜欢于院长的课,问他这次是不是能继续来给他们上课。就是这样一句话,让于院长克服忙碌的困难,决定继续给孩子上课。他说,能用自己的所学给孩子普及一点中医药知识,给孩子心里种下一颗中医药的种子,那是最让人高兴的。

  他还带着我们的孩子走进大阳山去寻找中草药,走进大自然这样的大课堂,又有医生亲自给他们上课,孩子们该是多么高兴。我们校园中也有很多中草药,原先我们都不知道,于院长和孩子在校园的角角落落一边寻找,一边讲解,直观的教学,丰富的知识,这样生动的课堂怎么不令人喜欢。在于院长的建议下,我们的孩子还用采摘来的中草药制作成了很多的创意画作。很多来我们学校中医馆参观的人员,看到这些灵动而又创意的作品,无不啧啧赞叹。

  为了把小中医社团建设得更加好,前一阶段于院长特地前来和我们探讨社团今后的发展方向。当讲到我们的语文教材中有很多中医药素材时大家想到,如果能将这些素材整理出来在课堂上呈现,那一定是一个非常好的资源。但令人为难的是,明显的中医药知识,我们可能还知道一点,也很容易整理出来,对于一些陌生的中医药知识,即使就在眼前,我们也辨别不出来。于院长让我们把12册语文教材找出来给他,他来整理。尽管我们把教材整理出来给他后还没有结果,但是就凭着他这样的用心,我们也一定是要点赞的。

  于院长说,他经常和他的团队去各地义务就诊,都是利用自己的休息时间,都是完全免费的。这次全区中医药文化进校园暨小中医社团启动会在黄埭实验小学举行，他前前后后忙碌，既要组织人员义诊，又要负责活动中所要表演的几个节目，时间十分紧张。那几天，他说他忙得都耳鸣了。

不接触不知道，有了接触，才知道于院长确实是非常忙碌的。小中医社团这样的事情，现在的他完全是可以放手让别人做的，但是他总是亲力亲为。每次和他交流中医药知识，他总是乐呵呵的，而且两眼放光，我们不难感受到他对中医药的喜爱，不难感受到他对推广中医药文化的热情。

能为自己喜爱的事情而忙碌，再累也是值得的，也是愉悦的，邹老师是如此，于院长也是如此，我们身边很多人都是如此。

写于 2021 年 5 月 14 日

故事里的教育之道

爸爸的到位是孩子成长中的福

旖旎春光,儿子带着我去参加车友会,赶一回年轻人的时髦。崇元寺祈福、草莓园采摘,活动组织有序,大好春光中享受着贴心的免费之旅,确实让人心情大好。午饭时,一位爸爸到位且及时的教育,让我感受到了一种特别的风景。

午餐在崇元寺,素斋,但色香味俱全,倒也给我们一桌不相识的车友提供了很多的话题。随机安排的饭桌上有一家三口,孩子也就三四岁吧,挺可爱的男孩子,爸爸妈妈都叫他"豆豆"。孩子和大人一样坐在一个大凳子上,母亲坐孩子的右边,父亲坐孩子的左边。他有模有样地吃着饭,只是因为人矮小,每一样菜都是大人给孩子夹在一个小碗中的。现在的家庭,饭桌上对孩子的吃饭操心更多的似乎是妈妈和奶奶,而爸爸,即使在旁边吃饭,往往也很少会顾及孩子。因为传统观念中,照看孩子似乎理所当然是妈妈的事情。可是,这个家庭不大一样,南瓜来了,爸爸会说:"豆豆,吃南瓜好吗?"孩子一回应,爸爸马上夹了南瓜放到孩子碗中。脆皮香蕉点心来了,爸爸又说:"豆豆,这是香蕉做的,可好吃了,我们吃一个好吗?"孩子刚点完头,一个脆皮香蕉就到了孩子那里。饭桌上的每个菜,爸爸都会在征求孩子的意愿下,让孩子品尝。孩子也很懂事,大多数都回应要吃,偶尔一两个菜不要吃,父亲也不强求。而母亲呢,几乎就是自己吃自己的,偶尔会帮孩子整理整理碗筷,偶尔也会提醒孩子吃饭时注意点。平时看多了妈妈或者奶奶为了让孩子吃饭菜,哄骗的有,威吓的有,追来追去赶着喂的有,甚至饭桌上大吵大闹动粗的也有,今天看到一位年轻的爸爸照顾幼小的孩子吃饭,这么有规矩,这么自然而然,真的让人觉得很温馨,也很难得。这孩子吃饭的时候小嘴巴也没停过,不是在吃饭就是在自言自语,或者跟爸爸妈妈说着孩子特有的话。但是孩子始终在座位上,没有离开,也没大吵大闹。爸爸和孩子的互动始终在进行着,不但没影响整桌人吃饭的氛围,反而让人觉得这是一道难得的风景。

菜,孩子吃得差不多了,孩子说要"打飞机",爸爸就把手机给了孩子。现在的孩子真不得了,大人都迷糊的游戏,一到他们手里就异常熟练。我们继续吃饭,孩子在静静地"打飞机"。主食面条来了,爸爸为孩子舀了一小碗面条,告诉孩子该吃面条了,并且收掉了孩子的手机。孩子很不乐意,不停地说:"我不吃面条,我要'打飞机'。"那架势和平时看到耍赖的孩子没多大区别,只是没在地上打滚而已。平时也见多了这样的情况,父母不是妥协,就是利用自己的权威威吓住孩子。妥协的,孩子欢天喜地,父母也省掉了许多心思,但孩子的不良习惯却在悄悄养成;利用父母的权威威吓住孩子的,表面看上去孩子是听话了,但气氛搞得很僵,孩子和父母情绪都会受到影响。刚才我还在称赞那孩子的懂事呢,没想到一会儿就看到了孩子的任性,不由得暗笑:孩子就是孩子,看来天下孩子都是一样的,那天下的父母会不会一样呢。还是爸爸出面,语气很温柔,但可以听出很坚决:"豆豆,先吃面,再'打飞机'。"孩子不听话,扭动身子、晃动脑袋、提高声音坚持要"打飞机"。爸爸并不急着说话,等孩子说完,爸爸继续重复:"豆豆,不可以,必须先吃面条,再'打飞机'。"孩子还在叫嚷,爸爸还是保持那语调:"豆豆,爸爸答应你,吃完了面条就给你'打飞机'。"几个回合下来,孩子不再坚持了,爸爸的声音也始终是温柔中透着坚决。孩子乖乖吃面条了,爸爸也吃自己的饭。孩子吃完面条,爸爸很守信用,让孩子继续"打飞机"。

  一位年轻的爸爸能这样耐心地引导孩子认真吃饭,已经让我非常佩服了。面对孩子的任性,他处理得如此恰到好处,我不得不对这位年轻的爸爸刮目相看。

  最近我在看阿德勒的《儿童的人格教育》,书中讲到:爸爸在孩子成长中有着举足轻重的作用。然而,也许是传统,也许是无知,现在的孩子教育中,爸爸的缺位情况特别严重,也导致了孩子产生很多问题。今天这位年轻爸爸对待孩子教育的出色到位,该是孩子成长过程中多大的福啊!

写于 2016 年 3 月 21 日

父母好好学习，孩子天天向上

今天在网上听铸基教育的孙老师讲"孩子学习成绩差怎么办"的家庭教育讲座，他经历的两个真实的案例让我无比感慨。

一个孔姓孩子，进入一年级没多久，语文考 6 分，老师委婉地向家长提出退到学前班再读一年。家长在无奈之下找到了做家庭教育十多年的孙老师。在孙老师的指导下，家长全力配合，孩子的语文考试成绩从 6 分到 36 分，后来到 86 分，数学也考到了 79 分。如今，孩子在读三年级，据家长说，孩子在班级中保持在 10 名左右。

另一个是蒋姓高中孩子，原先成绩很好，因为迷恋网吧，上课根本无法安心学习，成绩一落千丈，好不容易动用一切力量进入了高中，但是孩子还是无法安心学习。家长找到孙老师，也是在孙老师的指导下，家长倾注了全部精力，最后孩子高考考了 550 分，超过一本线 28 分。

孩子学习成绩差，甚至有的差到了极点，很多人认为是难以改变的。在教育战线奋斗了那么多年的我，原本也是持这样的观点的。但是孙老师案例中的这两个孩子都改变了，那是因为什么呢？也许更多人会认为，孩子的改变是因为老师付出了很多。错，这两个孩子的改变就是因为家长的全身心投入。

孔姓孩子的爸爸，为了让孩子进步，自己装弱小，让孩子每天把学到的东西教给他。初中毕业的父亲，每天得让一年级才上几天，而且是班中学习最差且面临着被退学的孩子回家后教自己，这确实不是一件容易的事情。对孩子来说，恐怕教一个字都会让他费尽心思，这很不容易；但是我觉得对父亲来说更不容易，得装得什么都不会，还得保持十二万分的耐心。这种坚持不是一天两天，而是一天不落。每周父亲还得向孙老师汇报情况。为了孩子，这位父亲真的很拼。可以想见，这个过程是多么艰难，但是这位父亲坚持了下来，一个月后的考试，孩子考了 36 分。对于一年级孩子来说，这仍旧是一个很低的分数，但是在孙老师的指导下，父亲和学校老师唱了一场"双簧"：父亲给老师写了一封情真意切的书信，而老师就按照信中的请求，对这孩子进行了大大的表扬，而且约定,下次争取提升15分。孩子在教师的激励下,在父亲的坚持下,最后语文考了86分,数学考了79分,走到了中等偏下的行列。

第二个蒋姓高一孩子,父亲无奈之下放弃自己的工作,进行全程陪读。在学校的全力支持下,孩子上三年高中,父亲也上三年高中,甚至父亲也把上大学当作自己的目标。父子俩同在一个教室上课,彼此学习,彼此监督。三年高中毕业,孩子考了550分,超一本线28分。让人惊叹的是,父亲也考了477分,超过二本分数线。这似乎是奇迹,但确实是孙老师经历的真实事情。

两个案例都清晰地告诉我们,孩子改变,家长起到了至关重要的作用。没有这两位父亲,就不可能有这两个孩子的改变。也许有的家长会说,学习更多应该是孩子自己的事情,父母这样做,大多数人是做不到的。确实,学习是孩子自己的事情,家长起到的只是关心支持和督促作用,这对大多数孩子来说都是适用的。但是对少数孩子来说,这不适用,就如孙老师案例中的这两个孩子。如果家长也如大多数家长一样,那么这两个孩子在学业上肯定是毁了。特殊的孩子特殊对待,这两个孩子父亲做到了一般父亲做不到的事情,所以他们的孩子逆势而上,获得了成功。由此可见,家庭教育何等重要。

我们身边也有一些特殊孩子,老师在他们身上花了不少心思和精力,但是他们还是一天天落后。老师除了揪心,就是无奈,因为心有余而力不足啊,班中还有那么多双渴求知识的眼睛看着自己,实在不可能把全部精力放在那些特殊孩子身上啊!

然而,家长可以,因为孩子是他们的唯一,家长可以在孩子身上花更多的时间和精力。案例中的两个孩子,遇到了伟大的家长,是他们全身心的付出,才让孩子得到了让人惊讶的改变,这也是"天道酬勤"。

学校教育绝对不是万能的,很多时候学校教育显得非常非常无奈。父母好好学习,孩子更能天天向上,所以我们在为这两个孩子的家长叫好的同时,希望更多的家长能懂得家庭教育的重要性。

写于2016年6月10日

孩子们硬要我拖堂

"读完它！读完它！"五(2)班的孩子们异口同声地喊着，站在讲台边的我一脸诧异……

这是发生在我语文课上的一幕。和往常一样，一天一节的语文课在我和孩子们的满腔激情中悄然而逝。偶一抬头，发现离下课只有3分钟了。糟了，一天不落的《爱的教育》还没读呢。于是我匆匆结束讲课内容，拿起每天必读的《爱的教育》，翻到昨天读完后做记号的地方，绘声绘色地读起了书中的《伦巴底的小英雄》。

每天读《爱的教育》是在读了李镇西老师的《爱心与教育》后才开始的。李镇西老师把《爱的教育》称为"教育的圣经"，他每天给孩子们读书中的故事后，发现孩子们的行为、举止、心理都发生了令人欣喜的变化。于是从那学期开始，我也模仿着李镇西老师，每天利用语文课的最后几分钟读《爱的教育》，一天一个故事。

《伦巴底的小英雄》内容很感人，孩子们入神地听着，可是才读了几个自然段，下课铃声就不合时宜地响了。要是这个故事5分钟可以读完的话，说不定我会在征求孩子们的意见后，占用一点下课时间读完。但是这篇《伦巴底的小英雄》恰恰是我读《爱的教育》以来最长的一篇，不满10分钟估计读不完。

下课才10分钟，孩子们要到外面走廊上活动活动，要上厕所，还要为下节课做准备，我不能占用这宝贵的10分钟。于是我带着歉意对孩子们说："今天老师没把握好时间，实在来不及读完这个故事了，我们把这故事留到明天语文课上继续读吧！"说完，我收拾课本，准备宣布下课。可是下面一下子嘈杂起来，因为专注于收拾自己的课本，没听清楚什么，直到声音越来越响，我才追问原因，结果大家异口同声地回答我："读完它！读完它！"声音十分响亮，语气十分坚定。我诧异极了，一时没能反应过来。

拖堂是孩子们最痛恨的，所以我总是告诫自己不要占用孩子们的下课时间。开学以来，我每天必读《爱的教育》，从他们的眼神中，我可以感受到孩子们的喜欢，但是下课了还一致主动要求我拖堂读下去，我真的没想到。我把书举起来朝向孩子们，一边一页一页翻那个故事，一边无奈地说："不行，这个故事太长了,不是一下子能读完的。如果读下去,你们下课的时间没有了,连厕所都上不成了!""没关系,我们要听完!"好几个声音同时响起。瞬间的呆愣后,我没有多说话,带着感动的心情以最快的速度又开始了《伦巴底的小英雄》的大声诵读。

教室外面,隔壁班级的孩子们在走廊上活动的声音好大好大,我们的教室却好静好静,只有我诵读《爱的教育》的声音在教室上空萦绕。

终于读完了,可下一节课的上课铃声响了起来。我的歉疚感又升腾了起来,但是孩子们脸上那满足的神情似乎在告诉我:不下课没关系,不上厕所也没关系,但是不听《爱的教育》却不行!

写于 2016 年 7 月 9 日

做新老师更加不容易

开学第一天,五点半到家,家人在等我吃饭,不见儿子,赶紧询问。婆婆说,他太累了,一回家就上楼躺下了。二十出头的小伙子,平时少睡点觉多走点路,根本不在话下,今天却累得只想睡觉。因为那天是他当老师的第一天,也是当班主任的第一天。

开学才两天,他说他从早晨 7 点多开始,一直到下午 4 点多放学,没一刻停歇。记得上学期和一名在外地当班主任的小姑娘聊天,说起群中的一些信息她怎么不回复。她说事情太多了,每分每秒几乎都有安排,哪有时间看手机啊!当时我很感慨,回家跟儿子说起这事,他还不以为然,以为我在故意吓他。这次他亲自体验当班主任后,他告诉我,家长在群中问这问那,甚至委托他一些事情,比如放学要晚点来接,要老师多看护一会儿,但他根本没时间看手机,所以也不知道情况。这次他终于相信没时间看手机是真的。

早晨,他要看护孩子早读,还得上晨会,一切正常后还得带孩子出操,接着就得上自己的课。即使没有课,也得填报这样那样的表格,还得简单布置教室。下午放学的时候,他得送孩子出门,没家长接走的还得在校外陪着,而教室内的值日生还得有老师看护指导。他说一个人根本无法分身,我问其他班级怎么处理的,他说其他有副班主任协助,而他的副班主任是个行政人员,也很忙,作为新老师,他也不好意思去叫他。他说30日报到那天,他既要跟家长说微信收费等事项,又得收孩子的作业,忙得不可开交,假如有个人帮他收收作业,他就不会手忙脚乱。他还说自己是一名新班主任,什么时候该干什么事,什么人该说什么话,真的都不知道,他希望尽快有个师傅。我说不会这很正常,师傅肯定会给你安排的,但刚开学,学校也得有个安排的过程,暂时没师傅,你也得多问,当你主动去问别人的时候,任何老师都会教你的,当然你得谦虚。儿子告诉我,他现在可谦卑了,什么事情都得别人教自己啊。儿子特意强调了是"谦卑",作为新老师,请教别人的时候肯谦卑,这是好事,我也鼓励儿子得一直保持这种好学上进的劲头。

  作为新老师,和家长打交道也是一件很难的事情。报到那天,他说不知道该给家长说什么。我很奇怪,说家长报完名不是马上回去的吗?他说他不知道,他觉得第一次跟孩子、跟家长见面,总得说点什么呀。于是他处理完报名手续后,就让家长和孩子在教室里等。他说他点了三次名。我很好奇,问他为什么点三次名。他说一是他确实不知道说什么,一边点名,一边在思考;二是还有家长没报到,他想等家长到齐再跟孩子、家长说几句。他说后来也跟家长讲自己是个新老师,所以一开始有点手忙脚乱,但他特别想把事情做好,请家长理解、谅解。听儿子述说,一方面感觉他有些事情做得确实不是很妥当,但是在不知道该怎样做的时候能应对,也值得欣慰;另一方面在那么多家长面前敢于直面自己的弱点,并通过一定的话语让家长产生共情,从而让家长谅解自己的不足之处,这一点我还是非常佩服儿子的。

  当然,儿子也遇到了委屈。学校开会的时候讲到积分入医的事情,他说他认认真真听了,并且一字一句记下来了。和家长沟通的时候,他就把事情布置给家长了。结果一个家长去相关窗口办理,说时间已经过期了。大热天让家长到校外白走了一趟,家长回到儿子那边,有点怨言,感觉老师没搞清楚事情就乱布置。后来才弄明白,是其他部门传递到学校的信息有误,而儿子一接到任务就布置给家长了,其他老师还没来得及布置,得知过期了,也就不布置了。我告诉儿子,不管是怎么导致问题的,应对好家长是最主要的。儿子说他明白,所以他当时就小心地给家长道歉,好在年轻的家长也都谅解。

  但是作为新班主任,面对的不光是年轻的比较通情达理的家长,还会遇到一些难以沟通的爷爷奶奶。那天儿子送孩子出校门,一个奶奶问儿子,她孙子怎么没出来。因为是第一天,儿子还不熟悉孩子的名字,但是他知道凡是没出来的都在教室做值日生。于是按照他一贯的说话方式,他告诉那个奶奶:应该是在做值日生吧。因为儿子暂时还不知道孩子的名字,所以说了个"应该"。哪知道这奶奶一听就不得了,马上跳了起来,大声质问儿子:"什么叫'应该',难道你们老师就是这么做的吗?"儿子当时就蒙了,好在马上就镇静下来,他向那位奶奶解释,并且确认孩子在做值日生,而且儿子几次说到了"不好意思"。尽管奶奶还是不依不饶,但儿子始终没有冲动。一个血气方刚的小伙子,面对委屈,能如此处理,我不得不为他的耐心和好脾气竖起大拇指。但是作为母亲,除了很为儿子骄傲外,还有点酸楚。好在儿子比我坚强。

作为新班主任,还会面对很多不知道怎么处理的问题。比如他接到一家长电话,说孩子起床晚了,没吃早饭。儿子说他不明白家长是什么意思,于是说自己也没什么可以给孩子吃的,要不他问问其他老师,看有没有吃的。家长这才放下了电话。我告诉儿子,以后在办公室备好一些饼干之类的,当孩子因为没吃早饭出现低血糖症状的时候可以给孩子吃一点。为防止孩子饿而备点心是做老师的情怀,但这不是你必须尽的责任,当家长这样打电话的时候,他该明确告诉家长:一定得让孩子吃早饭,否则孩子坚持上半天课,不但影响身体,还影响上课。至于迟到一点,那是没关系的,只要跟老师打个招呼就可以了。我说你得传递给家长信息,让孩子在家吃早饭是家长的事情。儿子有点担心,认为自己说迟到没关系后,孩子一直迟到怎么办?我笑了,这就是没经验,哪会有家长让自己孩子一直迟到的呢。

新老师真的太不容易了。劳累了一天回到家里,QQ 群里不停有家长问这问那,平时我问多了儿子还会不耐烦,但是面对家长的提问,儿子不停地在交流。晚上十点多了,还有家长打电话过来,所说内容也不是特别紧要的,听着儿子在电话中那样耐心地和家长说话,我既为儿子高兴,也替儿子担心。我告诉儿子,以后一定要制定一定的群规,老师是要全心全意为孩子着想,但也得有底线,老师也得有自己的生活。这一点我也一直跟我们的老师强调,这学期教师大会上我就宣布,今年制定好 QQ 群规后,要发给全体家长,让全体家长也理解我们的老师。我们的老师下班时间不能被家长绑架了,否则,我们会更累,我们的职业倦怠感会更强。

已经做了 20 多年老师的我见多了新老师的众多艰辛,我也一直心疼我们的老师。但是这次作为母亲的我,在和儿子不多的交流中,更见证了新老师的不容易。那天,我在朋友圈中看到一篇《请给老师一个洁净的教师节》,忍不住转发,并且有感而发,写下如下这段话:"刚开学,走进我们小学、幼儿园,看看我们老师的现状吧!喉咙哑了,脚站不动了,人晒黑了,回家不想吃晚饭了,只想躺下尽快休息,可还有家长群中回答不完的问题,想睡都睡不成!现在家中一个孩子都在叫管不住,我们的老师得带五十来个孩子啊!老师的辛苦你见了吗?"初中同学看到了,说自己初当老师的儿子回家累得晚饭都不想吃就睡觉了,她说以前从不知道做老师会有那么难。

真的,做老师不容易,做新老师更加不容易。

写于2016年9月3日

不入行,你永远体验不到

开学第一天,晚饭后见到侄女,她说太累了,快瘫倒了。

侄女是幼儿园老师,46个孩子,从早晨一直到放学,两个老师加一个阿姨,一直在抱孩子。吃饭时间到了,刚扒两口饭,又有孩子哭了,于是只能放下碗筷,继续抱孩子,结果再没时间吃饭了。这是发生在幼儿园小班老师身上的事情,而且每一年的小班老师都会经历。

侄女原来该跟上去教大班,但是计划教小班的老师临时有新的任务,考虑到小班的特殊性,必须有经验的老师去教,所以侄女临时被调到了小班任教。她虽不会不服从,但是我从和她的交谈中分明可以感觉"天快要塌下来"的样子。开学前一天,她就开始担心,说即将来临的第二天开学日将是她的苦难日,还说第二天下班估计饭都不想吃了。我说没那么夸张吧,她说你是不知道小班老师一开学时该有多可怕。

刚满3周岁的孩子开始上幼儿园,家长送到学校后就得离开,有的孩子从没有离开过家长,于是哭啊,闹啊。而家长呢,也实在不舍得放下孩子,于是一步三回头,还不住叮嘱,有的甚至陪着流泪。这样真真实实的伤感离别剧在幼儿园小班真的屡见不鲜。但是家长必须得离开，有的孩子哭闹一会儿，老师抱抱哄哄就适应了，不再哭闹了；有的孩子就是哭闹不止，甚至还一把鼻涕一把眼泪地告诉老师："我想奶奶了！""我想妈妈了！"这时候老师就得抱着孩子不停地哄，还得变换身份，变成孩子的奶奶、妈妈。也有时候，好不容易把大多数孩子哄安静了，老师想歇口气的时候，其中一个孩子忍不住又开始哭闹了，那么会把其他孩子也惹哭，大家都会喊着叫着想家长，要家长过来陪着自己。有的孩子见家长不在身边，还想自己逃回家，因此幼儿班的门一定得锁着。不知是不是缺乏安全感的原因，孩子开不了门，又无法逃回家，于是就会在教室里躲藏，老师越叫他出来，他越哭着闹着和你玩猫和老鼠的游戏。侄女说小班教室的玩具柜里、桌子底下、课桌椅下都可能会有孩子，老师真的有点顾及不过来。有的孩子一哭就是满脸眼泪鼻涕，老师还没来得及帮他擦干净，他就往你身上蹭，于是老师衣服上有眼泪鼻涕也就成家常便饭了。当然，小班老师被孩子又撕又打也是常见的事情。老师为了让孩子安静下来，往往是想通过抱的方式哄住孩子，可有的孩子因恐惧而对老师充满敌意，你要哄他抱他，他就会撕你咬你。所以小班老师受轻伤也就不足为奇了。

侄女还讲了几件她刚刚经历的让她哭笑不得的事情。一个孩子，哭着要老师抱抱，于是老师顺理成章地抱起了孩子，结果刚到老师怀里，孩子小手就伸进了老师衣服，并往胸部抓，把老师吓得不轻。经询问才得知，这孩子平时就是经常有摸母亲胸部的坏习惯，侄女说，自己是孩子妈妈尚且不适应，要是碰上个刚从学校毕业的新老师，真的会被吓坏的。还有一个孩子，来报名的时候还用着尿不湿，作为老师，自然会让家长拿走尿不湿，结果没过多久，卫生间里被孩子的屎尿拉得臭气熏天……

不知道幼儿老师工作实情的人可能会说幼儿园的小朋友就是玩玩、吃吃、睡睡，教师教学没有任务，也没任何升学压力，该是非常舒服啊。但是，假如你去体验一下小班老师的生活，也许你就会觉得，幼儿园老师想哄孩子听话都是个很难很难的问题。看来不入行，你永远体验不到事情的真实情况。

没有谁能随随便便成功，同理，没有谁能随随便便完成工作。当大家看到幼儿园老师带着孩子玩玩、吃吃、睡睡，貌似很轻松的时候，你是否看到了她们曾经付出的艰辛呢？

写于2016年9月4日

这句话，我永远记得

周四晚上，同为老师的母子俩在书桌的对面有意无意地聊起教师节的相关话题。因为今年的教师节是周六，按照惯例，明天就该庆祝教师节了。但是，如今的教师节是教师难言也不想言的话题。对于儿子来说，这是他初为人师的第一个教师节。我们有一句没一句地聊着教师节不该收受学生礼物的话题，其实不用我提醒，他也知道得清清楚楚，因为网络，因为媒体，因为各方传来的各种各样的禁令。

教师节不收受学生的礼物，我们坚决不会违反，但是我觉得已经不是学生的儿子可以给曾经的老师表达一下自己的心意，这也是庆祝他人生中的第一个教师节的很好的方式。当然，这只是我一厢情愿的想法，孩子大了，很多想法和我们不一样。儿子相对内向，要是他觉得不好意思而不愿意，我肯定也强求不了。于是我试探性地问："哪一位老师你特别想在教师节送束鲜花表达自己的心意？"随即做好儿子说"没有"的思想准备，我已经习惯了年轻人不一样的思维方式了，也许这就是代沟吧。哪知道儿子不假思索地回答："徐老师！"这倒真的有点让我意外，"哪个徐老师啊？"因为有点意外，问这句话时我其实没经过思考，只是习惯性地发出疑问而已。"真是的，我有几个徐老师啊！当然是初中三年的班主任啊！"儿子对我的不配合似乎有点小意见。我抱歉地笑笑，自我调侃："老了，老了！"做老师的都喜欢追根究底，尽管知道儿子很多时候会不耐烦，但我还是忍住不追问："教过你的老师那么多，对你都挺好的，为什么你最能记住徐老师啊？"

这一次，儿子不但没有反感，反而马上作出了回应："有一次，我考试考得不太好，我去问徐老师，自己会不会被赶出小班。徐老师说：'邹扬，我赶任何人出小班，也不会把你赶出去！'"，儿子顿了一下，继续说："这句话，我永远记得！"

第一次听儿子讲这件事，也第一次感受到 1 米 75 的大小伙子讲起老师是那么深情。听的刹那，内心的那种柔软感顿时升腾起来，我完全可以感受到儿子此时内心的激动。

儿子的话语让我把思绪拉回了他的中学时代。那时候，通过考试，儿子考到了新区一中的小班,那个班级的孩子都是出类拔萃的。儿子小学是在乡村中心小学就读的,和城里孩子相比,他的小学阶段是非常轻松的,从没进过什么培训班,但在自己的学校、自己的同学中间并不逊色。不过一到尖子生云集的初中后,就明显感觉到我儿子的弱点了:读书太少,琴棋书画明显不足。这也难怪,当我们在快乐玩耍时,城里孩子不停地奔波在去各种培训班的路上。儿子到初中后成绩起伏也很大,有时候能够冲到全校前五名,有时候却落到全校一两百名后,现在想想还是因为基础不够扎实的缘故。当时曾经有过这样的说法:考试考得不好,小班的学生淘汰到非小班,非小班考得好的学生优先进入小班。这也算是一种竞争机制吧。在这样的班级,压力还是蛮大的,儿子就是在一次考得不太好的情况下跑去问班主任徐老师的。

  细想徐老师的话,其实也是不严密的,但是对于当时考试没考好担心被逐出好班的儿子来说,却是一针强心剂,也是一针镇静剂。他不会考虑徐老师的话还会有什么意思,他只知道,即使自己没考好,徐老师还是喜欢他的,也是包容他的,他可以安心地在小班继续学习。我可以猜想,徐老师肯定已经不记得自己当时所说的这句话了,但是这句话却让儿子久久难忘。直到多年后他走上教师岗位,在自己第一个教师节到来的时候,他第一个想起的就是曾经说过这句话的徐老师。

  于是他网上寻找、下单,最后花148元选择了一束充满温情的很漂亮的满天星加康乃馨。钱花得不多,但是儿子浓浓的心意却全部融入了其中。得给徐老师留一句话吧,儿子是这么写的:"徐老师,在我走上教师岗位的第一个教师节到来之际,我首先想到的是您。难忘师恩!"儿子说要是能亲自写下这句话就更好了,但是因为是网络订单,无法遂愿。不过,我相信,徐老师收到这束鲜花,一定也是激动万分的。

  果然,第二天徐老师就收到了,还想方设法加上了儿子的微信。儿子跟她说起那件事情,徐老师说具体那句话真的不记得了,但记得儿子在学校的很多其他表现。我无法知道儿子和徐老师聊天的具体内容,但我完全可以想见,师生聊天的情景该是多么美好,那种感情该是多么温暖。

  美国著名的教育家和演讲口才艺术家卡耐基,小时候是一个非常调皮的小男孩。他九岁的时候,父亲将继母娶进门。他父亲向新婚妻子介绍卡耐基时说:"希望你注意这个全郡最坏的男孩,他实在令我头痛,说不定明天早晨他还会拿石头砸你,或做出什么坏事呢!"出乎卡耐基预料的是,继母微笑地走到他面前,托着他的头,注视着他,接着告诉丈夫:"你错了,他不是全郡最坏的男孩,而是最聪明、只是还没找到发泄热忱地方的男孩。"此话一出,卡耐基的眼泪不听使唤地滚滚而下。就因为这一句话,建立了卡耐基和继母之间深厚的感情;也因为这一句话,成就了他立志向上的动力;更因为这一句话,让他日后帮助千千万万的人一同步上了成功之路。

儿子永远不可能成为卡耐基那样的人才,一路走来,儿子都很普通,他的学习成绩不算太出色,他也不是那种特擅长交往的人。但儿子是正直的,是善良的,如今他走上教师工作岗位,我能感受到他对孩子的爱,也能感受到他对工作的要求上进。他一直牢记曾经给他说那句话的徐老师,我相信他也一定会做一个像徐老师那样用自己的言语给孩子自信、让孩子阳光的好老师。

写于 2016 年 9 月 17 日

好习惯从不娇宠开始

前几天,朋友家办喜事,我们前去参加喜宴。

同坐一桌的都是些熟悉的人,最小的是一个刚上小班的男孩,他奶奶和妈妈也坐在他旁边。

孩子看上去很弱小,闲聊中得知孩子平时在幼儿园只吃米饭,不吃菜,家人怕孩子营养跟不上,很是头疼。

随后喜宴饭菜上桌了。奶奶不停地给孩子夹这夹那,但孩子似乎都不怎么喜欢吃,有的菜奶奶刚喂到孩子嘴里,他马上吐了出来,而且就吐在桌子上,有时候甚至还吐在他们三人的菜碟里。看到这样的情况,奶奶赶紧清理掉,并用很平静的语气说:"不可以这样吐出来噢!"妈妈也会在旁小声呵斥,但孩子并没有理会。

为了照顾孩子,奶奶顾不上自己吃菜,不停地忙碌着,妈妈在旁也时不时地帮忙。有了孩子,吃饭就无法安心了,现在几乎每一个家庭都是这么过来的。

孩子老大不小了，还不肯自己吃饭，边吃边玩，大人追着孩子吃饭的情景比比皆是。看来照顾得越周到，关注得越多，孩子的能力越弱，而且孩子的习惯越来越差。我们每个人都知道这样的情况，但是轮到自己面对的时候，还是会情不自禁地过分呵护孩子，过度照顾孩子。当孩子出现明显的不良习惯时，我们会抱怨，但我们很少找根源，也很少主动去纠正。很多父母或者祖辈会说："现在孩子还小，不懂事，慢慢长大了，就不会这样了！"是的，有些现象长大之后确实不会这样了。比如，长大后，自然不会有人再喂饭给他吃，他自然也会自己吃饭。但是，我们想过吗？该孩子自己做的时候，我们没让孩子做，孩子的能力在不知不觉中弱化了，有的孩子到长大还是边吃边玩，影响了营养的吸收，自然也会影响到孩子身体的健康。更让人担忧的是，因为有大人的娇宠，孩子始终觉得自己最大，于是各种坏习惯在不知不觉中养成，好习惯养成难，坏习惯一学就会。小时候父母觉得没什么，也没意识到将来会有什么严重的后果，等到长大了，你想纠正就已经很难了。这时候你再沮丧、再懊悔都是没用的。

孩子继续在奶奶和妈妈无微不至的照顾中吃着少量的菜，这时候上来了个木耳小炒。孩子一见，主动提出要吃这个菜。于是奶奶夹了一筷子给他吃。还真没想到，这孩子一吃这菜就喜欢上了，于是嚷嚷着还要吃。对于平时不怎么肯吃菜的孩子，有特别喜欢吃的菜，奶奶自然是高兴不已，于是又夹一大筷子。但是孩子还不愿意，他示意要将那菜放到他面前，我们以为他要自己夹菜，于是就把那菜转到了他面前。但是孩子并不自己夹，而是伸手把那盘放在小圆桌上可以转动的菜拿了下来，放到了自己面前，也就是他要独享这一盘菜。奶奶说不可以，顺手放回了小圆桌，但孩子坚决要，于是奶奶就妥协了，又拿回了那盘菜。坐在旁边的妈妈毕竟年轻，宠孩子的程度没有那么深，她坚决不同意，于是抢着要把那盘菜放回去，孩子不允许，奶奶也在旁边帮腔，说孩子还小，就让着他吧。妈妈不妥协，还在争执着。坐在旁边的我明明知道这样娇宠孩子肯定是不对的，但是都是熟识的人，孩子也不是自己亲近的人的，所以也不好说什么。

没想到坐在我旁边的儿子是初生牛犊不怕虎，一直不出声的他竟然说话了："我看不下去了，孩子是不能这么宠的！"语气还很严肃。我一愣，为儿子的敢说话而吃惊，也为儿子如此唐突而担心。儿子的话并没有错，但是在这样的环境，也是蛮尴尬的。于是我赶紧打圆场，对着孩子说："小朋友，哥哥也是老师哦,你看老师都说不可以了,你要听话啊!你喜欢吃这菜,让奶奶多夹一点在你的盘子里。"也真奇怪,我儿子这么一说,那孩子还真被唬住了,他妈妈迅速把那盘菜放回了小圆桌,孩子没有任何反对,奶奶也趁机附和:"对,囡囡乖,我们吃完这点再夹。"一场尴尬就这么解除了。说也奇怪,接下来这孩子吃饭出奇地乖。尽管还是奶奶在喂着他吃,但是他没有再吵闹。后来又上来了一盘红烧牛肉,孩子也特别喜欢吃,但是也没有再出现独霸一盘菜的事情,而是吃完一块看见盘子里有,就再让奶奶夹一块。

我一边吃,一边表扬着孩子的表现,时不时还和妈妈、奶奶交流着孩子的教育话题。我们都觉得,对孩子,必要的震慑还是需要的。这孩子一开始想独霸一盘菜,奶奶反对、妈妈反对,都没用。因为他很清楚,奶奶、妈妈都是自己最亲的人,只要自己坚持,奶奶、妈妈一定会由着他的。那他怎么会有这样的想法呢?自然也是因为有过类似的情景,某个不经意的场合,大人的让步让孩子得到了甜头,于是其他事情他自然会效仿。你别以为孩子还小不懂事,其实孩子精明着呢。后来,我儿子的严厉指责,让孩子感到了压力,因为对那孩子来说,我儿子是陌生人,而且看上去凶巴巴的。毕竟是小孩子,他也知道这种做法是不对的,所以他也不再坚持自己的错误做法了。

今天这么一件小小的事情再次让我明白,要想让孩子养成好习惯,真的得从不娇宠开始,而且在很小的时候就得从点滴做起。你别以为小孩子太小,什么都不懂,其实到你认为孩子懂了再教育,那已经来不及了。

写于 2017 年 10 月 7 日

叙事，
让成长不期而至

考试迟到的孩子

今天我们期终考试了，校园里很安静，我站在办公室窗口往校门口看去，发现一很小的孩子背着书包孤零零地站在教学区和食堂区的岔路口东张西望。一看就知道这孩子迟到了。往常也能看到几个迟到的孩子，不过他们都能很快进教室。但是，今天考试，学校以及班主任几次三番进行了通知，很少有孩子会迟到，这孩子就显得特别突出。我正想打电话让教导处关注一下，合理安排好迟到孩子的考试。突然，我发现那孩子犹豫了很久竟然往食堂区去了！来不及多想，我赶紧奔下楼去。

当我气喘吁吁赶到孩子刚才走的那条路上时，竟然找不到孩子了，赶紧往左右两侧的树丛中找，还是没有。这么冷的天气，这孩子到哪里去了呢？我大声叫了一声："刚才在这里的孩子，你到哪里去了？"前面有声响，我走前一看，竟然发现孩子躲在树丛中，听到我的声音，慢慢探出身子来了。我赶紧把他扶了出来，还自言自语地说："你怎么可以躲在这里呢？"

说真话，一开始我是很生气的。我们的食堂区树木很多，不到吃饭时间也很少有人经过，躲在那里一般不容易被发现。天气那么冷，孩子躲在那里冻坏了怎么办？还有就是班级里正在考试，孩子现在来，说不定是老师打了家长电话才送来的。我们的校门离教学区要 200 米左右，家长送到校门口走了，孩子自己进来了，到时候老师问家长孩子怎么没来，家长也会问学校要孩子。真这样，一定又是一番折腾。

真的有想批评孩子几句的冲动，但是看到这孩子低着头，看上去很害怕的样子，再想到他刚才在岔路口的犹豫情形，我知道他是因为考试迟到害怕所致，马上打消了批评的念头，赶紧问他是哪个班的？没有得到任何回应，我俯下身子凑近他一点问话，还是不回答。我知道这样僵下去没用，于是拉着他的手臂往教学区走，一边走，一边试图引他说话：

"今天考试知道吗？"没声音。

"今天睡得晚了，对吧？没事的！"还是没有声音。

"是爸爸妈妈送你来的吗？"依旧没有声音。

看看孩子的脸,并没有很对立的样子,看来天生胆小,不敢回答。

书包背在孩子的双肩上,看上去很重,而且有点滑落,于是我松开拉着他手臂的手,帮他把书包重新放好。突然发现孩子的双手裸露在外面,冻得略微有些发红,我赶紧拉起他的一只手。"哎呀,冰冷啊!"我情不自禁轻叫了一声。我刚从开着空调的办公室赶下来,衣服也穿得不少,所以手很暖和,碰上冰冷的小手,自然而然这么叫了出来。也没多想,赶紧用自己的右手把他的左手握在手掌里给他取暖,并且让他把另一只手插在口袋里,就这样我握着他的手往前走。

"这么冷,该戴副手套啊!"

"老师的手很温暖吧?"

其实就是这么闲聊,我也没指望他回答我什么,现在最重要的是送孩子去参加考试。我想到了低年级教学区,问一下,就知道他是哪个班的了。哪知道当我说"老师的手很温暖吧"这句话时,他使劲点了点头,脸上还有了笑意。赶紧从他的右侧转到了左侧,用我的左手握住了他的右手,希望我的温暖也能让他的右手感受到。他的小手在我的大手里渐渐变暖,同时他也小声地告诉我,他是一(6)班的。

知道班级,我就能很快带他过去了。一路上,我安慰他,现在在考试,进教室后赶紧考,来不及做没关系,可以让老师给时间补完,孩子使劲点了点头。因为一年级孩子第一次经历这样的期终考试,大题目老师都要提醒一下,带他来到一(6)班教室,监考老师已经在叫孩子们做第七题了。我赶紧和监考老师打了个招呼,带他在座位上坐定,迅速帮他拿出铅笔盒,让他紧跟老师的节奏做题。

孩子开始做题了,我摸摸他的头,再次告诉他,慢慢做,没关系的,我也和监考老师打招呼,一定要让孩子做完试卷。

因为大家都在考试,我不便多说,所以巡视了一下周边教室,回到了办公室。

一年级考试结束铃声响起,我还是有点不放心那孩子,于是再次来到了一(6)班。其他孩子都已经考完了,叽叽喳喳说着话。那孩子在监考老师的关心下正在做其他题目,我担心他紧张,于是走过去抚摸一下他的头,俯下身子轻声对他说:"慢慢做,没关系的!"孩子朝我笑了一下,还轻轻地回了一句"知道了",随后迅速继续做题。看到孩子的笑容,听到孩子的说话声音,我悬着的一颗心放下了。我可以断定,迟到对这孩子的影响已经不大了。

退出教室的时候我碰到了孩子的班主任，得知这孩子昨天因为身体不适，没到学校。由于天气原因，全区统一提前考试，老师告知了家长，并和家长确认，是否到校参加考试，家长确认今天要来考试。但是考试开始前，她发现孩子没来，赶紧给家长打电话，家长说马上送来。后来班主任去其他班级监考了，以为孩子早就进班级考试了。

我把大体情况跟她说了一下，让她多关注这孩子。班主任告诉我，这孩子其他都还好，就是不善于和人交流，平时老师也很难和他说话。我让她三场考试结束后找孩子聊聊，多关心一下孩子，同时要再和家长沟通一下，尽管这次没有什么事情，但是今后还是要注意一些细节，比如准时送孩子到校，即使真迟到了，也要跟老师打个招呼。

一件小事情，能反映出方方面面的小问题。但是不管怎样，做教师的我们，就该把孩子的事情当成大事，处处留心，真诚关爱，让孩子感受到老师的温暖。

写于 2018 年 1 月 24 日

慎用"我是为你好"

前几天，留学英国的外甥读完本科，放暑假回家，我们邀请他们一家过来相聚。闲聊中，外甥的父亲一直在强调：要抓紧一切时间多看书，要利用空余时间多考证，要设法参加各种面试培训……真的是殷切关怀。但是一向懂事的外甥显得有些不耐烦，尽管在我家，尽管回国没几天，可还是忍不住要顶几句。

"我都本科毕业了，9月份就要读研究生了，你怎么还把我当小孩啊！每天你 8 点上班就得把我叫起床，你能不能让我多睡一会儿啊！"

"不把你当小孩，不把你叫起来，我们上班后，你不知道要睡到什么时候呢？时间都白白浪费掉。"

"谁说我浪费时间啊！你没叫我起床，每天 9 点之前我也会自己起床的呀！起床之后我也会看书啊！你能不能不要把我看得那么紧啊？"

"我是为你好!"

"你这是道德绑架,我才不要听呢!"

父子俩你一言我一语,虽不是吵架,但是观点却怎么也达不成一致。

外甥的父亲是单位"一把手",又是在法制行业,所以做什么事情都是有板有眼。外甥不在身边的时候,我笑着对他父亲说:"看来你把儿子当成下属来看待了!"

"没有啊!我是过来人,我希望以我的人生经验来劝诫他,好使他以后少走点弯路。"

"你的心意很好,但是他能听你的吗?"

"正确的为什么不听,我都是为他好啊!"

又一句"我是为他好",我明白外甥父亲的心意,但是我也真切地明白,无论你出发点怎么好,方式方法不对头,孩子还是无法理解父亲心意的。

外甥的父亲的做法有好几处明显不对的地方:一是以教训的口吻,孩子是无法接受的。毕竟已经是大学毕业生了,而且还在英国待了那么多年。父亲是领导干部,儿子却不是他的下属,也不会领情。二是孩子平时在国外确实也很辛苦,回家来稍微睡得晚一点,也情有可原,关键是孩子也挺自觉。父亲每天上班之前要叫儿子起床,那是一种不信任。三是把"我是为你好"挂在嘴边,确实是道德绑架,即使孩子意识到真的为他好,但是因为反对这种形式,他也会排斥的。

我告诉孩子父亲,我们像外甥那么大的时候,父母这么教育,会接受吗?

"我父母是老农民,他们从不会这样教育我。如果他们能那么教育我,说不定我比现在要好很多呢!"

自己没经历,却要把这些教育强加在儿子身上。我劝解道:"如果你经历父母像你那样的教育,相信也会生出厌烦之情的。人的成长必须是有过程的,不是说教就能改变的。我们现在想用自己的人生经历来教育孩子,他们是不可能有深刻体会的,只有慢慢经历,慢慢体验,才会真的成长。"

小姑也在一旁说自己的丈夫:"是啊,儿子长大了,你还用小时候的方法来教育。真的不管用了。"

"我是为他好……"

又是那句话!我们都无奈地笑了。

我知道要一下子改变外甥的父亲的想法是很难的。因为抱着"我是为你好"的心态来为人处世的人实在是太多了,而得不到理解的真的不在少数。单位领导"我是为你好"的苦口婆心,往往让员工不满;老师"我是为你好"的谆谆教诲,往往让学生当作耳边风……至于家长,"我是为你好"的殷殷嘱咐,很多时候也会引来叛逆。

人与人相处是复杂的,想要教育人更是难上加难,慎用"我是为你好",否则,真的会被人理解为"道德绑架"。

写于 2019 年 6 月 14 日

给孩子多一点温暖

午饭时间了,从办公室窗户往楼下看,孩子们正有序地排队往食堂走去,韩校长也站在一边看着孩子们的队伍前行。

突然韩校长转到我看不见的一角去了,随后又出现在我的视野中,手中拽着一个男孩,看上去很使劲,而男孩还在不停地挣扎,但是韩校长就是不放,还拉着他往教学楼方向走。我感到特别奇怪,韩校长脾气很好,轻易不会发火,这孩子到底有什么事情,被韩校长这样拽着。这孩子似乎很叛逆,还在使劲挣脱,事情一定不那么简单。我正好奇着,这时事情又出现了变故。走到教学楼楼梯口,那孩子竟然往地上一躺,任凭韩校长怎么拉,他都不起来,看样子还在地上撒泼。很少见到这样的孩子,我决定下楼问个究竟。

从三楼往下奔,来到刚才孩子躺在地上赖着不肯走的地方,没人影了!四处寻找,也没见着。我赶紧打电话问韩校长他和孩子在哪儿。韩校长告诉我,体育馆搭建电子屏出现点小问题,他去看看,他带着孩子呢。我赶紧来到体育馆,韩校长还是拉着孩子,可孩子仍旧在挣扎。我走过去想安抚一下,哪知道孩子像刺猬一样防备着我,但是眼神是躲闪的。韩校长告诉我,去食堂吃饭的时候,这孩子和另一孩子可能是不小心碰上了,于是他冲上去和那孩子打在一起,还影响了其他去食堂的人。孩子很冲动,不把他拉开怕影响前往食堂的队伍,所以韩校长把孩子拉开,想跟他聊聊让他安静下来,哪知道这孩子特别抗拒,根本无法谈话。但放开他又怕出事,而韩校长又急着去体育馆,所以一直把他带在身边。全校2000多名孩子,我们确实不知道这孩子是谁,想问他是哪个班级的,但是无论谁,无论用什么方式问,他就是不说。他的一只手被韩校长拉着,另一只手拼命往嘴巴里塞,不停地啃着手指头。一看那状况,我就知道这孩子一定有问题,我们无法用常规的想法看待这孩子。我柔声地告诉他,别啃手指头,好好说话,我们不会怪他的。我想轻轻抚摸他,企图让他把情绪平复下来。哪知道刚一接触他,就被他僵硬的身体吓着了。啃手指头、身体僵硬,凭我不多的心理知识,我知道这孩子问题还挺严重。

接下来的时间,我和韩校长用了很多办法想安抚他,但是都没有用。在班主任群发寻人启事,终于找到了班主任。

班主任一来,我们了解到了更多信息。这孩子特别容易发脾气,一发脾气,摔桌子、打人、自残,谁都劝不住。班主任老师发现了这个问题,多次和家长联系,希望家长能带孩子去看看心理医生,但是似乎并没有起到什么作用。但是责任感驱使,班主任趁着我们学校有专业心理老师来做个别辅导的时候,带孩子去做了两次。专业机构出具了报告,证明这孩子确实存在问题,于是班主任再次和家长联系,希望他们带孩子去看看。还说如果家长同意,可以推荐我们学校聘请的专业机构的老师给他们咨询。但是家长也没给出什么积极的回应。这孩子以前一学期发作三四次,但是这学期开学到现在已经不止三四次了。班主任说,她也没有特别好的办法。

让班主任老师哄着孩子去吃了饭,我要求下午立即约家长过来谈谈,因为这样严重的情况会毁了孩子的。

下午孩子的奶奶来了,我把我们观察到的情况以及建议跟奶奶说了,奶奶很认同我们的说法,也告诉我们,他们去看了,但是医生说没有多动症。我们觉得很奇怪,心理老师出的报告并没有说孩子是多动症,班主任老师更加不会把孩子说成多动症,家长怎么病急乱投医呢。

不过这一切都过去了,我们严肃提出,家长一定要带孩子去进一步治疗,可以找心理医生,并且要求家长一定要多和孩子交流。奶奶一把鼻涕一把眼泪地说,孩子爸爸成天在外工作,妈妈自己也要在电脑上学习(估计妈妈是个电脑控),又不善于言辞,所以平时很少和孩子交流。在家里,孩子最亲的是奶奶,但是奶奶年纪大了,明知道孩子确实有问题,但是很多时候也帮不上忙。这让我想起班主任老师说的,孩子在做第一次个别辅导的时候非常不配合,心理老师也没有什么好的方法。第二次终于有了转机,孩子哭着说他想爸爸,特别希望和爸爸在一起。孩子的病因虽然我们无法确认,但一定是和缺乏家长的陪伴、缺少和家长的交流有关联的。

家庭是孩子最温暖的港湾,也是孩子成长中最重要的基础。多么可怜的孩子!多希望这次交流之后,这个家庭能真正重视起来,给孩子更多的温暖,也多么希望这孩子能够早日恢复正常。当然,作为老师、作为学校也一定要给予这个孩子更多的温暖。

写于 2019 年 11 月 7 日

爸爸在哪里

我和侄女带侄孙女去参加一个一年级入学见面会。轮到我们了,在老师的引领下,我们往见面室走。我告知孩子,我和她妈妈在外面等,让她跟着引领的老师进去好好表现。引领的老师很亲切地对我们说:"没关系,家长可以一起进去。"看来,这所学校考虑得很全面,他们还想见见家长。我觉得这也是很有必要的,因为在孩子的成长过程中,家庭的影响、家长的作用是至关重要的。于是我对侄女说:"那你进去吧!"引领老师再次笑着对我说:"你也进去吧,就是随便聊聊,家长都可以进去。"我对这所学校的声誉早有耳闻,对他们以往招生的消息也听闻过很多,确实还是很好奇的,今天有机会听听老师们怎么和孩子、家长聊,也是不错的机会。于是我也没推辞,直接跟着引领教师进了见面室。

面谈还真是比较随意的聊天,看来是要看看孩子的专注度和应变能力吧。虽说孩子的有些回答并不全面,但是有问有答,思维也挺快,整体表现还是可以的。整个聊天的过程中,老师多次提到爸爸。比如爸爸会带你去游乐场吗?平时你去参加各种培训的时候爸爸会送吗?在家里的时候,爸爸会陪你玩吗?你喜欢爸爸送你去上学还是喜欢妈妈送你去上学？……因为经常和侄女一家在一起，所以我知道孩子爸爸还是比较到位的，平时外出，爸爸妈妈总是一同陪孩子，在家里，爸爸也经常陪孩子，尤其是侄女生二宝后，爸爸的陪伴时间更多了。但是可能孩子还是比较偏向于喜欢和妈妈相处，所以回答中并没把爸爸的作用凸显出来。而且面谈的时候，老师们又没有见到爸爸。其实，爸爸是陪着孩子一起来学校的。这次面谈，侄女非要拉着我一起去，于是他们一家三口和我一起来到了学校。轮到我们面谈的时候，发现雨下得很大，我想反正家长在面谈室外面等，我们的车子停得比较远，还不如先让孩子爸爸去开车，我们面谈一结束，就可以到校门口上车。孩子去面谈，爸爸去开车，没想到家长可以进面谈室，于是我们俩进去，缺了孩子的爸爸。老师笑着对孩子说，其实也是对我和侄女说的："以后一定要让爸爸多陪着学习，陪着玩耍。如果你写作业、看书，爸爸玩手机，那可不行啊！"从见面室出来的时候，侄女有些不解，说老师怎么总是问爸爸啊？我笑着说："可见爸爸在孩子成长中的作用巨大啊！"

想进这所学校的，绝大多数都是非常重视家庭教育的。看看其他家庭，清一色的爸爸妈妈都在，有的还有爷爷奶奶。面谈老师看见只有我和侄女，肯定会对爸爸的缺席产生疑问。孩子缺少爸爸的教育肯定是不完美的，面谈老师有疑问，又不能直接问，所以采用和孩子聊爸爸的形式来了解情况。这种面谈方式确实也是比较高明的。前两天看到一篇微信推文，说"一个好爸爸＝200个优秀的老师"，这样的说法虽然有点夸张，但是足见爸爸在孩子教育中的重要性，这所学校也是特别注重爸爸参与教育的。

著名心理学家格尔迪说过："父亲是一种独特的存在，对培养孩子有一种特别的力量。"确实，一般情况下，那些懂事好学、乐观向上的孩子身边总有一个幽默风趣、积极陪伴的爸爸。尽管在现实生活中，妈妈对孩子的照顾会多于爸爸，但是在孩子心目中，爸爸的作用永远是不可替代的，我自己也有深刻体会。

由于自己是老师，在儿子的成长过程中，自己参与肯定比老公要多。也许也是觉得有做老师的妈妈在，在儿子的事情上，老公也颇有点甩手掌柜的意味。反正我们怎么决定，他都认同。有时候我也会唠叨几句，好在，该有的陪伴，我们夫妻俩总是不缺席。有时候我也担心，爸爸管儿子比较少，以后儿子会不会对爸爸感情不深。事实上我的担心是多余的，长大后的儿子对爸爸的认同感很高，爸爸生日、父亲节等从不忘送上礼物和祝福，而且明显感觉到，爸爸的很多优点在儿子身上有所体现。一个好爸爸,对孩子来说,是多么的重要!

我们一直慨叹,现在有问题的孩子似乎越来越多,而深入了解"问题孩子",又不得不说,"问题孩子"背后绝大多数都有"问题家长",而"问题爸爸"的负面影响力似乎是更大的。

上周四,巡视校园的时候,三年级的张丽娟老师在走廊里和一个孩子谈话。看到我过去,她赶紧把孩子领到我面前,并且举起了孩子的手臂给我看。我惊呆了!孩子的手臂上到处是淤青!张老师又撩起孩子的衣服,更让我不敢相信的是,孩子的后背上、腰侧也是伤痕累累,让人不敢细看。我赶紧询问,张老师是说孩子爸爸打的,我有点不敢相信自己的耳朵。因为在走廊上,不想引起过多人的注意,我赶紧把孩子带到了办公室。经过仔细询问,孩子的伤确实是父亲打的,至于原因,孩子说不知道。我问妈妈是否知道这件事情,孩子说妈妈知道的,被打后妈妈还带孩子到医院进行了检查。我内心的震撼无以言表,赶紧请班主任、年级组长和家长联系,问清楚到底是什么情况。回到办公室,我又碰到教这孩子语文的张丽静老师,想问问她是否知道这孩子的情况。哪知道,又一次让我震惊。原来这孩子就是张丽静上一周叙事者作业中讲到的那个扬言"你们再这样,我就要跳楼了"的孩子。因为孩子练习卷上最简单的内容都没写,张丽静让孩子到自己身边来完成,孩子犟着不肯去。老师无意识地说:"你再这样,我只能告诉你家长了!"结果孩子出现了异常反应,身体僵硬,说出那句骇人的话后,径直往操场上走,吓得张老师追上孩子后和他聊了很久很久才打开孩子的心结,孩子的情绪慢慢舒缓下来。张丽静心有余悸地说,我真的没有说任何过激的话。孩子告诉张老师,爸爸经常打他,他怕张老师告诉爸爸后又一次挨打。张老师说,小小年纪,竟然这么怕爸爸,甚至出现了强烈的身体反应,她太心疼这孩子了,所以以后她再不敢把孩子的表现轻易告诉爸爸了。听着张老师的述说,联系刚才我在孩子身上看到的伤痕,我的心揪得更紧了。一个有问题的爸爸真的可能毁了孩子啊!

爸爸的素质有多高,孩子就能飞多高,今天老师和侄孙女面谈的时候没见到爸爸,所以才会不断问爸爸的事情。如今的家庭,一切都以孩子为重,真希望更多家庭的爸爸能够给孩子正确的导航,给予孩子更好的影响。

写于2020年7月11日

一时的不会，没什么大不了

"哇——"晚饭过后，又传来了孩子的哭声。

不用问，准是前面楼上小男孩做作业时被爸爸打骂了。自从开学后，这样的事情已经出现无数次了。我家在楼上住户的后面，平时也不在一个地方出入，因而也见不到楼上住户。但是在院子中的我经常能够听到爸爸辅导孩子做作业时发出的怒吼声。

"'b—a—ba'，是'b—a—ba'，你怎么会发成'b—a—fa'？"爸爸不可思议的怒吼中透着太多的无奈。一听就是爸爸在辅导一年级的孩子。

"辅导作业前，母慈子孝；辅导作业时，鸡飞狗跳。"风靡网络的这句话道出了数以万计辅导孩子作业的家长的心声。辅导刚入学的一年级孩子尤甚。一开始的时候，家长还能和风细雨地教，学拼音的时候，先讲方法，什么"上嘴唇要和下嘴唇一碰再发音"，什么"牙齿咬着下嘴唇"，什么"舌尖顶着上颚"，这一类的话语说得口干舌燥，但是孩子就是不会读。于是就失去了耐心，怒吼甚至打骂都用上了。其实这也不能怪家长，孩子上一年级了，全家的希望都寄托在孩子身上，老师一句话，家长就紧跟而上。老师要求家长在家里让孩子拼音过关，家长怎么会不认真呢。遗憾的是，有的孩子就是过不了拼音那个关，家长实在不理解，不就是最简单的拼读吗，多么自然而然的发音，怎么到了孩子嘴里就会发出其他音了呢？

家长不理解，教了30年书的我却很理解，刚入一年级的孩子，这些错误是很容易犯的。你给孩子讲方法，他才一年级，有的孩子就是无法理解你的意思。你再怒吼，孩子也是无法迅速改正的，相反，你的怒吼你的打骂会让孩子产生很大的心理负担，有时候你越吼，孩子就越容易出错。

其实有些家长也是明白这个道理的，但就是过不了这个坎。因为老师要家长辅导，辅导不会老师还要找家长。更重要的是，家长担心孩子拼音不会，会影响后面内容的学习，甚至会影响考试成绩。其实，这个大可不必担心，随着时间的推移，这些问题就自然而然地解决了。没有哪个孩子在高年级还会出现"b—a—fa"这样的错误的。这，我是有亲身经历的。

字母"n"，就是简单的两笔，小时候也一直用儿歌来说："一个门洞 nnn"，现在想来任何人都是能写好的。但是在我读一年级的时候却怎么也写不像，我到现在还没想通。平时很少管我作业的父亲那天正好看到了我不会写，于是教我，但是我还是不会。于是父亲狠狠地把铅笔拍在我的作业本上，铅笔断了，作业本上出现了一个洞，我害怕得直哭，父亲后来也不管我了。但是当时我还是没写会，至于什么时候学会的，我也记不清了。但从此以后，我看见父亲就害怕，甚至再也不敢给父亲看我的作业了。好在那时候大人都忙，父亲也很少主动看我的作业。后来的我学习成绩一直很好，一年级时候最简单的抄写都不会并没有影响到我。试想，如果我的父亲也像现在的父母一样天天辅导我的作业，我因为害怕，说不定本来该会的也会出错，心理有了阴影，成绩也一定会受影响！小孩子嘛，心思和大人是不一样的。

我的好朋友，夫妻俩都是高中语文老师，都有晚自修，有一年实在排不开，每个星期总有一天同时上晚自修。上一年级的女儿没人照管，于是那个晚上我们夫妻俩成了孩子的临时父母。聪明伶俐的小女孩，情商极高，语言表达能力很强，我们很是喜欢。但是说也奇怪，简单的十以内的加减法她就是学不会。身为小学老师的我真是什么方法都用上了，但是都无济于事，我和她的父母都觉得很无奈。反正到最后，我也没能教会她。但是现在女孩一切都很好，简单的十以内加减法丝毫没有影响她后来数学学习的成绩。

一时的不会，没什么大不了的。尤其是一年级的孩子，一时在最简单知识上的不会，真的不用太着急。我不是研究专家，对于这种现象无法作出合理的解释。但是我有亲身经历，刚入学孩子出现的在大人看来不可思议的错误，没什么大不了的，绝对不会给孩子今后的学习造成大的影响。但是，如果因为家长的不耐烦，发生怒吼、打骂等现象，说不定会给孩子造成心理阴影，那倒是会影响孩子今后的发展。

真诚地奉劝所有家长：心平气和地面对一年级孩子出现的错误吧！

写于 2020 年 11 月 7 日

为家长辅导而一声叹息

前天晚上 10 点多,侄女给我发来微信信息:"姑,前后鼻音怎么区分呢?"

我知道,此时的侄女一定刚辅导完一年级女儿的作业。前后鼻音区分,对我们吴方言区的人来说,本来就是一个难点。要说规律,还是有一点的,但是对于一年级的孩子来说,认字不多,跟她讲那些规律她也无法完全理解,要她掌握更是不大可能。有的一年级孩子天生领悟力强,掌握现有的前后鼻音没什么困难,但是有的孩子在这一关就是过不了。侄女家大宝就是这样,试卷上"读词语写出加点字拼音"中"青蛙"的"qing"写成了"qin",写话中"像水晶"中"晶"字不会写,用拼音写成了"jin"。我说:"对于一年级孩子来说区分前后鼻音没什么特别好的办法,多看多读多接触,熟能生巧,就可以了。再说,即使一时没掌握,慢慢长大,接触多了,也会好很多,对今后的学习没什么大的影响。"侄女说:"不行,一张语文试卷上的两处错误全部是前后鼻音分不清被扣分的,这样就得不了高分了。我得把大宝课文中出现的前后鼻音全部整理出来,每天让她看看读读背背,以后就不会错了!""有这个必要吗?"我赶紧说。"怎么没这个必要?现在的竞争太激烈了!我都快焦虑死了。"侄女在屏幕那头着急地回应。

对于侄女的焦虑,我已经不是第一次感受了。就在当天中午,侄女在我们两家群里说,大宝英语考了 94 分。我说还不错啊!侄女说:"昨晚大宝拿回考卷,看到挺简单的听力题没写对,跟她分析了一下。94 分我知道不算高,但是想想也不算太差吧!哪知道今天老师说了,90~94 分全班 6 个,是最后一个层次的。大宝轮到最后了,老师今天还找我'谈话'了。我说孩子太粗心了,老师说不能总拿'粗心'当理由,要深层次分析原因。哎呀,被老师批评了。怎么办啊?"能怎么办呢?我们群中的 6 个人,4 个是老师,但是谁也无法说出好办法。我知道身为老师的侄女也只是吐吐槽而已。

侄女家大宝活泼可爱,聪明伶俐,以前我和老公去她家,老远就会传来她"阿婆、阿爹"的叫声,我们走的时候她也总是会礼貌地说"阿婆再见!阿爹再见!"我们都很喜欢她。平时我们去超市或者双休外出游玩,也总要带上她。但是自从上一年级后,我们去她家,从来看不到她人影,因为她在书房里写作业,陪着她的不是侄女就是侄女婿。中途她也不会出来,我们走的时候她还在做作业。很多时候我们在客厅说话,逗侄女家二宝玩耍,声音也要放低,怕影响到她做作业。现在我们去超市或者外出游玩,也不敢带她了,因为她要做作业。一年级孩子时刻在家长的陪伴下完成作业,家长难,孩子也苦啊!

  昨天我校一位青年教师和我聊天,也说到了同样的问题。他说现在在家都不敢大声说话,因为怕惹恼老婆。一开始,我还觉得好笑,以为是小年轻怕老婆。哪知他说,他老婆每天辅导就读一年级的儿子,一开始的时候还和声细语的,但是辅导着辅导着就忍耐不住了,怒吼、拍桌子都用上了。因为辅导孩子,老婆的心情总是不太好。有时候他在一旁看不过去,劝老婆耐心点。老婆马上就会生气地说:"你有能耐,你来辅导!"于是他真的去辅导,头三分钟还好,但是过不了多久,也真的忍耐不住了,不比老婆好多少。所以他现在十分理解老婆,在家尽量低调,尽量不惹恼老婆。有时候他妈妈看见儿媳妇训自己的孙子,看不过要说几句,他也总是劝住母亲。每天晚上吃完晚饭,他宁愿自己收拾、洗刷碗筷,也总是劝母亲赶紧去外面溜达溜达。因为他怕母亲不舍得孙子,而和自己的老婆闹矛盾。他还说,现在做一年级孩子的父母太不容易了,大宝的学习要管,二宝的吃喝拉撒要管,精力实在不够。他说有时候儿子测试成绩不好,他总宽慰老婆:估计人家是独生子女,父母辅导的精力比我们充沛。

  为什么现在的家长这么难当呢?原因自然是多方面的,我也无法一一分析到位。但是仅从上述的小案例中我们确实也能发现一些端倪。我们的父母、老师的要求太高了。我是有着30年教龄的语文老师,深知前后鼻音暂时分不清楚没什么大不了的。但是身为家长的侄女却不行,因为怕影响大宝考试成绩。大宝考了94分,已经落到班级最后一个层次了。看看其他孩子那么优秀,再加上老师善意的"谈话",家长怎么能不焦虑呢?我学校那位小年轻的老婆之所以总是发火,也是因为要求过高。孩子字写得不端正,要求擦了重写;数学题错了几题,觉得不应该,说话分贝就提高了。辅导的时候,家长总是站在自己的角度来看问题,认为那些内容太简单,不应该错的。但是他们辅导的是一年级孩子,无论是学习经历、生活阅历都是从最低开始的,你成年人能够轻而易举做到的,对一年级孩子来说却是很难的。我一直记得我读一年级的时候,"n"字怎么也不会写,父亲为此大发雷霆,用力将铅笔往桌上一拍,铅都拍断了。现在想来,"n"字没一丁点的难度,我怎么会写不像呢?但事实是那时候我就是不会写,我到现在还弄不清楚原因。不能从成人的角度看孩子啊!可是我们的家长很少能心平气和地认识到这点。

　　看到侄女为孩子一些不会的题目而焦虑，我总是说，孩子嘛，有不会的，有弄不懂的，是正常的。但是侄女也总是无奈地告诉我："可是人家孩子都会啊！再说我家大宝也不是最笨的。"其实，孩子与孩子是有差别的，从科学的角度来说，某些知识对于一年级孩子来说，出错是正常的，但是总有那么些孩子自身比较出色，别人不会的，他们做得很好。侄女家大宝，从小对数字特别感兴趣，于是侄女买了不少有数学题的册子，让孩子当玩一下做做。真奇怪，大人也没怎么教，孩子就有一套自己的算法，好多一二年级的数学加减法她都会做，我们也都很惊讶。大宝在数学上就是比一般孩子出色，这也是正常现象。但是上一年级前，大宝没上过英语和拼音衔接班。入学后，侄女特别后悔，因为班中很多孩子之前都学过，他们学得特别快，而大宝学起来相对就要吃力一点。侄女总是和上过培训班的优秀孩子去比较，所以她也更加焦虑。现在的家长总觉得人家孩子会的，我家孩子也都得会，一味比较真的会带来很大的伤害，这也加大了家长的焦虑。

　　上午在朋友圈看到一篇《当妈后，我重新接受了九年义务教育》的文章，一位二年级孩子的妈妈讲了辅导孩子的一切心酸的现实，我以"一声叹息"为评论，有一位同样从事教师职业的博士朋友以"一声叹息＋1"紧跟。

写于 2020 年 11 月 21 日

故事里的自我成长

老师讲的都对吗？

和往常一样，母子俩各自对着一台电脑，在书桌两边面对面坐着。儿子工作落实了，这个假期空前放松，他快乐地徜徉在网络游戏中。我呢，也是习惯性地聊聊天，看看文章。突然看到一篇文章中讲到了哥白尼，于是"哥白尼是怎么死的"这个话题又戳到了我的神经。我马上问坐在对面的儿子，儿子很自然地说："被烧死的呀！"我"呵呵"笑了几声，再次问儿子："这么肯定？"儿子被我的表情弄蒙了，"难道不对？"他边自言自语，边习惯性地打开了百度进行搜索。一会儿他就颇为尴尬地说："哎呀，这到底是怎么回事？这怎么可能呢？是哪位老师教我的呀！肯定是老师教我的，我从来没有怀疑过！"儿子的反应很正常，我完全能够理解，因为就在上学期，我就亲身经历过获得这个不大敢让我相信的答案的过程。

当时我正在六（2）班上《学与问》，文中讲到哥白尼从小勤学好问，这时候我自然而然要介绍哥白尼，从他的"日心说"说起，讲到当时人们都信奉"地心说"，哥白尼提出"日心说"后遭受了种种迫害。为了让自己的课堂不至于那么枯燥，我故意设置悬念，让孩子们猜"哥白尼是怎么死的"。对于猜谜语，孩子们可喜欢了，于是各种各样的答案都有。最后我公布答案：哥白尼是被烧死的。孩子们都作出了惊讶的表情，为这样伟大的科学家遭受如此不公的惩罚而惋惜。

这时，我发现了一个怯怯的眼神，她看着我，手想举起来但又似乎不敢举起来。这不是最爱看书的王粲吗？平时我两节课连上，中间不回办公室，她总会和我聊聊她看过的书，我有好书推荐，她也总会第一时间去购买。因为是较为轻松的"家常课"，我便毫不犹豫地走到她身边问有没有什么事情。她还是怯怯地说："老师，我以前看过书，哥白尼好像不是被烧死的，而是病死的。"啊？这怎么可能？从我读小学开始，就根深蒂固地认为哥白尼是因为"日心说"被烧死的。走上工作岗位那么多年，凡是讲到哥白尼，我也总会告诉孩子们，哥白尼是被烧死的。至于这个知识是怎么来的，我和儿子一样认为，一定是老师教我的。因为我不太喜欢看科学类的书籍，也从没正儿八经通过书籍了解过哥白尼，几乎所有与哥白尼相关的知识都是从老师那儿得来的。几十年过去了，我从来没有怀疑过的知识竟然出错了，这怎么可能呢？

尽管我坚信我自己没错，但是对于这样一个爱看书的孩子提出的问题，我还是非常重视的。于是索性停下讲课，跟孩子们讲起了这个话题。我问孩子们有没有了解过哥白尼怎么死的这个话题，大家都摇了摇头。我把王粲的疑问提了出来，并且肯定了她敢于质疑的优点。为了让大家彻底搞个明白，我决定马上通过网络做个决断。于是通过班班通，我在电脑上搜，孩子们盯着屏幕看。录入"哥白尼是怎么死的"，百度上马上跳出了一大串答案。看到那些答案，我惊出了一身冷汗。我坚信了几十年并且已经无数次传递给孩子们的知识竟然是不对的，哥白尼真的是病死的，被烧死的另有其人，是哥白尼的学生布鲁诺，他为了宣扬"日心说"，最后被处以火刑。

我当时的惊讶和今天坐在对面的儿子完全一样。尽管心中还感觉有点不可思议，但是那么多百度词条不可能都是错误的，是我错了就该承认。我实事求是地告知孩子们，自己对这个知识误解了几十年，也误人子弟了那么长时间，希望孩子们能以此为戒牢记正确的答案。我还现身说法，老师的观点并非永远都是权威，老师教的知识也可能有错。今天要不是王粲的质疑，我仍旧发现不了自己的错误。希望孩子们多向王粲学习，要敢于质疑，勇于质疑，当面对他人的质疑时也能像老师一样勇于承认错误。

在六年级经历过这样一件事情后让我深深反省，自己教给孩子们的知识一定要多方验证，免得犯了经验主义的错误。我以前的学生都是经验主义的受害者，这一错误知识虽然不至于影响大家的生活，但却误导了孩子们。知识是来不得半点虚假的，我把错误知识教给孩子们，心底总是无法安宁的。因为有了前车之鉴，后来我在五（2）班上课时碰到的一件事，让我谨慎了很多。

我在上《林冲棒打洪教头》，和孩子们共同徜徉在读讲课文的快乐中。讲到林冲押解到沧州的"解"字，自然而然就联系到这个字的三个读音。本课读"jiè"，书后有注音，不会读错；"jiě"经常遇到，大多不会读错；"xiè"用得不多，我请孩子站起来组词。一孩子说"xiè yuán"，因为没有思想准备，我一时没听懂，继续追问，全班同学都说是"xiè yuán"，问清楚原来是"解元"。我记得这个"解"是读"jiè"的啊，怎么读"xiè"了呢？我第一反应是孩子们弄错了。本想马上纠正，但是我犹豫了，一个孩子弄错完全可能，几个孩子弄错也情有可原，为什么全班同学都这么认为呢？继续追问，孩子们说是老师教的。我更加犹豫了，难道是我弄错了？以前讲到哥白尼是怎么死的时候，我从没怀疑过的说法竟然被推翻了，现在我不敢那么肯定了，还是确认一下再说吧。于是我没有否定学生的读法，也没有抛出自己的读法，而是留了个疑问给孩子们：这个字到底读什么，我们下课后查字典验证。一个字的读音并不影响整节课继续往下讲，我和孩子们继续读讲课文。

  我的课都是两节连上的，一节课结束，我从不回办公室，而是在教室做第二节课的准备，或者和孩子们聊聊天。也许课上得太投入，第一节结束，我并没有记起查字典这回事。当我宣布下课解散，孩子们没出教室，而是在拿出字典查的时候，我才想起。于是向孩子借了本字典开始查。一查，字典上根本没有"解元"这个解释。这下有点为难了，准备再上百度搜索，一边摆弄电脑，一边随口问孩子们有没有查到。奇怪得很，有的说没查到，但有的说查到了。到底是怎么回事呢？我是一向比较相信字典的，于是再借了一本字典。认真翻开，还真有，就是读"jiè元"。原来字典版本不同，查出来也不一样。

  第二节课，我又和全班同学讲了"解元"的"解"的正确读音，并且结合六（2）班发生的"哥白尼是怎么死的"事件告诉孩子们，即使人人认为正确的也可能会有错，当产生疑问的时候，一定要亲自求证，这样得来的知识才经得起考验，也最不容易忘记。

  老师讲的都对吗？两件小事不光让孩子们明白了，老师教的知识不一定都是准确的，要敢于质疑，勇于质疑。而且也让当老师的我以及即将当老师的儿子深深铭记：不能犯经验主义的错误，教给孩子们的知识一定要力求准确，否则真的会误人子弟。

写于 2016 年 3 月 15 日

书读四遍

先和大家分享一次我的读书经历。

几年前,好朋友告诉我:"教育者可以看看两本书,一是李镇西老师的《爱心与教育》,二是张文质的《教育是慢的艺术》。"

我的真正阅读就是从李老师的这本《爱心与教育》开始的。

翻开《爱心与教育》,书中的故事一次又一次打动了我。很多时候,我是一边读一边为他们流泪,为他们欢欣。那些天,白天没时间阅读,我就在晚上读。每一次都是读着读着就忘了时间,直至老公提醒,才发现又到了深夜。再加上我的鼻内毛细血管破裂,鼻子时不时出血,因而身体很虚弱。老公担心我的身体,一再要求我不能读到深夜。但是,正读得意犹未尽的我却怎么也舍不得放下。于是,我便一边应付老公说:"马上睡,马上睡。"一边却在心底对自己说:"看完下一篇一定睡!"结果是,看完了下一篇,又忍不住对自己说:"再看完一篇吧!"翻看当时在QQ空间写下的记录:"年初三,我没有走亲戚,终于把这本书全部看完了!说不完的感动,道不完的惊讶。"

这是我第一遍读《爱心与教育》,收获最多的是感动。

看完后觉得不过瘾,我再次从头开始看。这一次阅读,让我有了很多的想法,我开始边读边做批注。看完《学生们的"秘密行动"》这篇文章后,我忍不住写下了:"多么可爱的孩子啊!'爱屋及乌',一点没错,不是对李老师发自内心的爱,怎会有这次真爱'秘密行动'呢?"看完《宁玮,好人一生平安》后,我写道:"正直善良的宁玮!深爱学生的李老师!质朴感人的师生情!"读《我和万同的故事》,眼前时常出现班中那几个所谓的"后进生"的身影,我写道:"万同的故事对我冲击太大了,能这样对待后进生,真的很少见,万同这个罕见的后进生真的感受到了学习的幸福,李老师也享受到了教育的幸福,这是真正的教育,触及人心灵的教育。"边读边涂鸦,仅仅用3天的时间,我就完成了《爱心与教育》的第二遍批注式阅读。

"昨天,我第二遍读完了李镇西的《爱心与教育》,看看时间,已经是凌晨1点40分了,应该说是今天——2011年2月10日了。"这是我当时在QQ空间留下的足迹。

第三遍阅读,不是一字一句地读,而是选择给我感受最深,并且情不自禁留下批注的内容重点读,还反复品味自己的那些涂鸦文字,思考哪些内容可以复制,哪些经验可以移植,哪些方法可以创新。"重新翻阅那本《爱心与教育》,117条用红笔写的批注,无数条用红笔画出的直线,成了这本书最显眼的地方。虽然这些批注有的只有短短几个字,最长的也不过一百来字,但却来自我边读边思考的最真实的内心。"这也是当时的记录。尽管读的内容减少了,但读的速度却放慢了,读的感受也加深了,也许这就是深度阅读吧。经典的东西百读不厌,尽管连读三遍,但是我并没有感到满足。

随后,我开始了理论和实践相结合的第四次阅读。

李老师每节语文课给孩子们读经典文学作品,我也从语文课中挤出5分钟,给孩子们读亚米契斯的《爱的教育》,一天不落。听读经典,孩子们很快迷上了《爱的教育》,课上听我读,回家还想自己看,我从没要求他们买书,但班中44人,绝大多数学生都买了这本书。有时候上课时间把握不准,来不及读,想暂停,但是孩子们宁愿不下课也强烈要求读故事。

孩子们的感受也见证了当时的美好:

"同学们为了听故事,下课10分钟都不要了。或许,这每天一次'爱的教育'还真不能少!这已经成了同学们的习惯,不听都难受。——王冬举"

"一天,老师又利用语文课结束前的最后几分钟给我们读《伦巴底的小英雄》。不久,下课了,而这个故事却很长,老师还没读完,她怕耽误了我们的下课休息时间,就想停止,下次接下去。可同学们偏要老师读下去。老师拗不过我们,就又开始读了。可见,同学们是多么喜欢听《爱的教育》啊!一篇又一篇的故事使我们的心灵接受了一次又一次的净化,我们心中共同拥有了一片爱的蓝天。——严芳芳"

李老师对学生的爱也深深感染了我,我也学会了用欣赏的眼光来看待自己班的孩子。只要班级学生作业有点滴进步,我便"狠狠"表扬,结果作业越来越优秀;俞同学背书速度慢、作业质量差,但和李老师班中的"万同"比,还不算太差劲,心态改变了,对俞同学的要求也放低了,耐心也更足了,结果还真让人少操心了,俞同学竟然慢慢跟上了班级的整体节奏;面对不如意,生性比较急躁的我有几次还是忍不住想发火,但是想到李老师时时处处那么有耐心,想到孩子们已经有了不小的进步,火气自然而然退下去了。

书读四遍，让我把李老师的先进经验移植到了自己的工作中；书读四遍，让我学会了像李老师那样始终用欣赏的眼光来看待学生；书读四遍，让我真切感受到了教育教学的幸福。

我们常说，"书读百遍，其义自见"，这实际上是一种惰性的阅读。我以为，一种有准备、有价值的阅读，四遍足矣。

写于 2017 年 4 月 15 日

逼自己一把，你行的

四月上旬，我正在市外听课，接到区教育学会秘书长电话，我在会场，无法接听，所以告知情况后挂断了。随后秘书长给我信息，说请我在四月中下旬给全区高年级语文教师做个讲座，主题是"组织教师读书，推进全校师生共读"。

真的太意外了，幸亏是信息，如果是电话交流，我一定不知道该怎么应对了。因为正儿八经进行所谓的讲座，在我将近 30 年的工作生涯中少得可怜。1999 年我被评为全国优秀教师后，我们自己学校要我讲讲自己的经历，也算所谓的师德讲座；2011 年，我所在乡镇的中学要我去给他们的老师讲讲如何写博客，当时是我的老师发出的邀请，只给我一个晚上的准备时间，老师的命令不得不听，硬着头皮去讲了一个小时；还有就是很多年前，在全区语文大家学堂上，教研员要我给全区的语文老师讲讲如何来进行教材最前面的《养成良好的学习习惯》的教学。如果这些算是讲座的话，那么这三次就是我所作的全部的讲座了。因为少得可怜，所以记得特别清楚。然而，师德讲座和博客讲座是在自己熟悉的学校，没什么特别大的压力。语文讲座是因为我是学科基地负责人，当时我们几个中心组人员都有分工，而且主要是搜集资料以及讲讲自己是怎么上课的，内容比较单一，所以也比较容易。

这次的任务却不一样。我知道区教育学会每学期都会举办名师示教或讲座活动,但是请的都是在教育圈比较有名的人,有的是特级教师,有的是教研员,有的是专家学者。而我,就是一名小学老师,2013年来到望亭管理学校后,没有了自己的班级,没有了专属的学生,教学上也没以前那么钻研了。和以往请的那些人比,我太普通了。还有这次讲座的主题是有关读书的,虽然现在我也带着一个团队一起读一点书,但是和那些名家大咖相比,我们才刚起步,真的太微不足道了。我很纳闷,学会的秘书长和会长都是负责初高中的,我和他们也不算太熟悉,怎么会叫我去做讲座呢?不行,我能力不够,一旦讲不好,不是给整个学会活动抹黑吗?不能接下这个任务。于是,我发信息婉拒了这个邀请。但是秘书长很坚持,给我信心,还不容我拒绝。既然这样,就逼自己一把吧,于是就这么稀里糊涂地接下了这个任务。

接下任务就意味着破釜沉舟,无路可退了。但是该讲些什么内容呢?要我讲两节课以上,也就是一个半小时左右,有那么多内容可讲吗?要是讲了很短时间就结束了怎么办?接下任务后我一直忐忑,把担忧告诉了好朋友。好朋友安慰我:"怕什么?自己读书、带学生读书、带老师读书、推动全校师生读书不是你做过或者正在做的吗?趁这个机会逼自己一把,你行的。"朋友的话既给了我方向,给了我信心,想想也是,一路走来,有关读书的事情还是不少,我喜欢记录,一直以来读书的点点滴滴都在博客记录着呢,我可以从博客中找素材去。理论欠缺是我的弱项,但我擅长讲故事,每一篇小文章就是我读书的故事,到时候我真实呈现所做的一切就可以了。

心中有底后我也就安心多了,接下去的时间先是到北川参加新教育会议,再是到杭州参加校长培训,加上党课录制等,一直在奔波,也没时间着手去准备。直到正式讲座前两天,我才心急火燎地开始准备。

先简单讲讲自己的经历,一个农民的女儿,因为要跳出"农门"考了师范,毕业后直接回家乡所在地,分配到离家很远的农村小学,在坑坑洼洼的砖路上骑车上下班不知摔过多少跤,学校条件异常艰苦,但这一切都没挡住自己勤奋的脚步。因为勤奋,从农村小学到中心小学,从一名普通教师一直到少先队总辅导员、教导处副主任、主任、副校长,直到今天成为一所容纳5000多人学校的校长。说这些不是为了炫耀,而是告诉老师们,如果今天的我有所成长,那都是一点一滴积累来的,是再普通不过的,只要勤奋,人人都能做到。

随后讲自己怎么开始走上读书写作之路的,是如何带着孩子读书的。如果不是因为这次任务,我还真不会打开博客一一去回味。可是一打开博客,一篇

叙事，
让成长不期而至

篇文章记录猛然映入眼帘，勾起了我无数回忆，那么亲切，那么温馨，也让我不禁诧异，原来那时候记录了那么多和孩子共读的故事。一篇篇找出来，整理，删减，准备成为这次讲座的内容。至于带老师读书和推动全校阅读，那还是我到望亭以后的事情，现在还一直在做，所以准备起来还是得心应手的。一个晚上的时间，我便把内容基本整理好了。一开始我还一直怕没内容讲，但是真的开始整理了，却发现内容太多了，写了30000多字，即使是照着快速读也不可能在一个半小时内讲完，再说我从不习惯照本宣科。于是我开始删减，人就是这样，自己写出来的东西，就是会当宝贝，这个不舍得删掉，那个也不舍得丢弃，最后勉强剩下25000多字实在删不了了，心想就这样吧，真的来不及就现场删减。在学校老师的帮助下，我还做了个简单的PPT。两天时间完成了讲座的内容，我对自己在没有退路的情况下如此快速完成任务还是比较满意的。

4月28日，就要讲座了，上午在市电教馆老师的组织下拍摄党课，20分钟的党课，整整拍了3个多小时，完全抽不出空看看我下午要进行讲座的内容。吃过午饭，我匆匆赶到会场，还好，人不是特别多，小学每校7人，中学一名教研组长。先是外区的一位学科带头人上作文课，由于拖课，我的讲座时间被缩短了。本来就觉得来不及，现在又被占用了不少时间，我不想过分延迟结束时间，所以留给我一个小时都不到了。于是我索性不看讲稿，根据PPT按照预设的4块内容讲了起来，虽然没有很细化，但思路还是很清晰的，虽然我擅长的故事没办法一一展开了，但是一些精彩的还是能如数家珍地道来，毕竟都是自己经历的。

讲座结束，组织者不断说很接地气，一线教师就是需要听这样的讲座，遗憾的就是没给够我时间；熟悉的听课老师也给我反馈，说很多人都在说喜欢听。我知道大家有抬高我的成分在，但是我讲的都是自己的一些实际做法，想来也确定是很实在的。

不管怎样，学会任务算是完成了。事后与秘书长交流，问他怎么会请我来进行这个讲座的。秘书长说很多年前到我原来的学校，听过我的副校长述职报告，当时就觉得我在读书方面做了很多的事情，孩子们是很受益的。我到了望亭后，他又听别人说我喜欢读书，喜欢写作，很勤奋，而且带动了一批老师，所以他才会邀请我。终于明白了原因，虽然自己知道我没有他们认为的那么好，但是我还是为自己能坚持读写而自豪。虽然我做的只是一些小事，但是我坚持下来了，而且不经意间也得到了别人的认可。

这件事情已经过去很久了，但是"逼自己一把，你行的"这句话一直牢记在我心中。没错，很多时候，我们真的得逼自己一把，这样，自己的能量才会被真正激发。你该如此，我该如此，大家都该如此。

写于 2017 年 6 月 11 日

一次无法到场的讲座

6月12日，叙事者管理员闫凡伟老师给我发信息，说受大家委托，请我于7月份为叙事者做一期名师讲堂活动。收到信息，我没有迅速回复，因为我非常犹豫。第一反应是回绝，这倒不是不愿意做讲座，而是感觉和先前做讲座的一些朋友比，我没有底气，喜欢的语文教学没能坚持到底，业务上显得有些半途而废；被动走上的管理岗位也还没有特别值得自豪的成绩。但是，我又不忍拒绝，从2016年3月第三周开始，我们学校的叙事者望亭团队一直紧跟叙事者总部在前行，我们的老师在团队的引领下不断地进步，这期间叙事者管理员们付出了很多努力，我一直很佩服那些管理员，也真诚地感激他们在王维审老师的带领下无私引领着全国的叙事者自我成长。作为叙事者成员之一，不能只是索取而不付出。所以犹豫再三，我还是硬着头皮接下了任务，时间确定在7月15日周六晚上7点到9点。

我私下里告知闫老师，宣传海报晚点发，一是我第一次在网上做讲座，底气不足，而网络就是那么神奇，几秒钟信息就能让太多人知道，我不敢太张扬；二是离7月15日还有一个月的时间，暑期的安排还没出来，我不确定7月15日能不能有空。如果是自己的事情，我当然可以协调排开，但是如果是公务外出，也不是我自己能说了算的。

暑期就这么来了，说来就那么凑巧，我还真接到了局里的外派公务学习，时间就是14号到17号，15号就夹在其中。不过我想白天学习，晚上应该是空的，只要我不出去活动，还是照旧能够去做讲座的。但是我也有担忧，平时家里是百兆网速,线上讲座网速没什么问题,但是住宿宾馆网络会不会不够快呢?我把自己的担忧告知了闫老师,经验丰富的闫老师让我事先录好一份音频,然后发给他。如果到时候宾馆网络够快,就现场讲,如果网络不行,那就放录音。两者的区别仅仅在于无法现场互动。这个建议非常好,既然答应了,我就得认认真真做好,以防万一,做好预案也是应该的,这也是我一贯的处事方式。

　　10号之前一直上班,过后我就在家里开始录屏工作。原本想一气呵成,把整个讲座内容录在一个文件内,但是有时候录着录着,来电话了,看看电话号码,是非接不可的,于是只能停下录制,有时候录完一段后也会出现不太满意的地方,我又不会进行剪切,只能重新进行录制。这样实在太耗费时间了,所以按照讲稿内容,我分成了六段,每录完一段,我都反复回听,确保没什么大问题,我再录制下一段。2个小时的讲座录屏,白天没完成,晚上又折腾到了12点多。想到我自己做这么一点小事,都耗费那么多时间,管理员们一个月要做那么多事情,他们得花费多少精力啊。说真的,我是带着感恩之心认认真真做这些准备工作的。

　　录屏完成,发给闫老师后,我安心和区内一些学校领导到南京参加新教育年会。来到活动现场,了解到会议安排,我傻眼了,人家说无巧不成书,在我这儿真的又验证了。几天的学习,白天安排都满满当当,而就在15号晚上有个分会场沙龙活动。我们学校是新生命教育实验学校,所以自然就安排参加新生命教育沙龙。本来想请假,但沙龙负责人说朱永新教授要到现场来为我们这些新生命教育实验学校授牌,学校就我一人去参加活动,这样的活动我自然不能缺席,于是只能待在新生命教育沙龙参加活动。我们这边现场沙龙已经开始了,而网络上我的讲座也开始了。全国各地的叙事者守在电脑前准备听我的讲座,我在群里,但是我却无法语音说话,那种内疚真的无以言表。我一边参与现场的沙龙,一边偷偷插上耳机在手机上听听,但都零零碎碎。一开始进去听着录屏还是比较顺畅的,但是后来不知怎么的,另一段接上去的时候又回到了前面,而且那天管理员那边似乎有雷雨,说网络不是很好,所以有时候还会断断续续。心挂两头的我本来就不好受,听到录屏又出问题了,我顿感五味杂陈,难以言喻。但是这时候朱永新教授来了,我连"偷听"网络讲座情况也无法做到了,于是全心全意回到了现实中的沙龙活动中。授牌合影,许新海局长讲话,朱永新老师讲话,其间还被沙龙负责人临时"抓丁",在毫无准备的情况下上台分享我们学校的"我喜欢你"活动。沙龙结束,已经不早了,进群看看,讲座也结束了,尽管群中老师在说着感谢我的话,但是叙事者到底听得怎么样,后来的网络是否顺畅,我都不得而知。我也没有过多去询问,因为一旦效果很不好,人家也不好意思说,那不是为难人家吗?尽管一开始我对讲座不是很有底气,但是既然接受了任务,我一定是全心全意准备的,因为讲的都是自己的实践,所以我也是带着十分真诚的心意准备和大家交流的。但是事情就那么不巧,无法让我很好完成任务。所以直到今天,为了那次无法到场的讲座,我仍心怀愧疚,还有失落。

写于2017年8月14日

与于老的近距离接触

今天,小学语文界(小语界)泰斗于永正老师走了,一位最让人敬爱的大师走了,网络上是铺天盖地的对他的怀念,见过面的、没见过面的,都从内心里表达着哀思。小语界多少人是听着于老师的课成长起来的,多少人被于老师的人品所深深感染,我想也许真的不计其数吧。

而我,永远记得与于老师的那次近距离接触。

2014年3月初,于老要到商丘上课,而商丘小语教研员李斩棘又是我的好姐妹,正好是双休,她邀请我过去听课。于老师的课百听不厌,大家崇拜于老师是一点也不用怀疑的。动车票没买到,于是我坐了8个多小时的普通火车,于凌晨赶到了商丘。

第二天上午,我进入会场准备听课。会场里挤挤挨挨都是人,和我一样,都是真心喜欢于老师的课才放弃休息来学习的。说于老师是小语界的第一人,一点也不为过,他是真正的小语界泰斗,听过于老师课的人,都会被深深吸引。第一次听于老师的课是在刚工作后没几年,那次吴江举行大型活动,我有幸参加,聆听了于老师的经典名课《草》。那次听课,让我真正开了眼界,原来语文课可以上得那么精彩。那时候,我每学期都上公开课,在自己的小范围内上课也算可以的。听了于老师的课,才知道自己的课是那么的微不足道。后来又陆陆续续听过于老师的一些经典名课,每一次听课,都让我有很大的收获。如今,我已经不在一线,但20多年在语文教学之路上的探索依然让我对语文情有独钟。所以朋友说于老到商丘,邀请我前去,我一口就答应了。

在会场刚坐定,朋友就告诉我,待会儿要我代表江苏老师与于老互动。虽没搞明白是怎么回事,但我一口就答应了,因为我知道,与于老互动,那是何等难得。

活动正式开始,先是于老上课,苏教版说理性文章《谈礼貌》。这类文章一般人不敢上,因为把握不好文体特征,怕上得不伦不类,于老提供这样一个范例,我自然是特别期待。大师就是大师,两节课简简单单,一教朗读,反反复复读,直到读出了该有的语气,理解了,也就完成任务了;二教文体,说理性文章,先概括,再用例子说明,最后再用概括性的语言来说明道理,于老在引领孩子学习概括的过程中不断加深对这类说理性文章的认识;三教练笔,学着文中3个事例,练写一段,强化了对文体特征的认识。全程几乎没有琐碎的分析,更没有些公开课上那种精心设计的华丽而又让人惊叹的问题。于老的课有的就是实实在在的训练:训练朗读、训练概括、训练写作。两节课就这么结束了,回想一下,就这么简单,但又那么让人回味。也许,这就是大道至简吧!

于老上完课就是一个讲座,结合自己的课主要讲自己为什么那么设计,很实在。75岁的老人,上课、讲座一丝不苟,怎能不让人敬仰?

上课、讲座结束,就是互动环节。原先我以为互动就是能有机会站在台下向于老提问,谁知道台上以于老为中心另摆了6张桌子,还得上台去和于老互动。除了于老,商丘4位,都是商丘小语群的骨干,还有来自山东的戴荔和来自江苏的我。上台,和于老握手,紧挨于老坐旁边,虽然自认为从不追星,但是能与这么一位德高望重的前辈近距离接触,我还真的有点激动。互动开始,先是自我介绍,我们每人介绍完,于老都会接话,有的从名字说开去,有的从地名说开去,于老这么随和,坐在几百人前的我们的拘束感一下子被驱走了很多。该我们发问了,谁都想推让第一发言权,也许是我年龄最大的缘故吧,最后还是我第一个。我非常珍惜这样的机会,想多向于老请教一些,所以没有客套直接提出了我的问题。听课的过程中,我听到于老几次对学生说:"你这个问题答错了!""你第一句话就说错了!"所以我问于老在我们的公开课中是否要敢于对学生说"不"。之所以这么问,是因为在现在的公开课上,我们听得最多的是赞美,因为太多的专家说学生说错了要鼓励,不能损害学生的自尊心,于是我们在课堂上不敢批评了，学生说错了也不敢指出了，最后导致谁是谁非都模棱两可。有时候我真的很困惑，这样的方向会给我们带来什么？于老首先肯定了我的有心，然后他坚决提出必须给学生一个正确的导向，对就是对，错就是错。保护学生自尊心不在于答案的模棱两可，而在乎对待学生的态度和语气，于老还当堂模拟了几种口气和态度。台上台下笑声一片，十分轻松。好不容易轮到我提问，本来还想一股脑儿多问几个，可是没想到于老回答十分细致，而且台上还有5位老师等着请教呢，只能把话筒让掉。原本以为一轮结束还会有机会，可是一个小时过去了，我们6个人才每人问到一个问题。12点了，于老连续作战三个半小时了，没有谁忍心让他再讲了。虽然大家依依不舍，但活动还是得结束。

商丘之行，如此近距离和于老接触，让我受益匪浅，获得了很多精神食粮，真的很让人兴奋。

写于2017年12月8日

成长中贵人的帮助很重要

昨天下午，陆陆续续接到了很多领导、朋友的信息："恭喜毛校入选姑苏教育人才!"因为很少关注网上信息，所以我还真不知道入选姑苏教育人才的事情。能入选，我自然是高兴的。高兴之余，我也要真心感谢在我成长途中给予我鼓励和建议的人。

姑苏教育人才选拔文件下发之后，我并没有在意，因为对于这一类评选，我一向很少参与，一方面是因为自己一直在乡村中心小学，总感觉一些选拔性的评选自己不够格；另一方面是因为自己年龄也不小了，总觉得年轻人应该多争取，因而也从没用心去研究过文件。

但是碰到我的师父的时候，她却很兴奋地告诉我，这次机会很好，千万别放弃。当我说自己不够格的时候，她鼓励我说，肯定行的，好好准备吧。她还告诉我，她也鼓励自己学校的郑校长报名参评。

听了师父的话，我觉得应该好好考虑这件事情了。因为很多年前，我的师父还是我的校长的时候，就这样鼓励过我。

我从师范学校毕业后，工作一直很勤奋，无论在班主任工作、教学工作还是在学校管理工作上都取得了一定的成绩，在自己学校，或者说在周边学校有一定的小名气。从自己的爱好方面来看，我肯定喜欢语文教学，工作前几年，我也经常开公开课，获得了不少好评。但是我却没能在县级评课选优中获过奖。为什么？当时我们的县级市比较大，评课选优制度也没现在这么正规化，能参加评课选优的人员是少之又少，我们这样的偏僻小学要出去更是难上加难。不过，我曾经有过一次到县里参加说课比赛的机会。那时候说课是个新概念，到底是什么？应该怎么说？不怕大家笑话，当时的我一点儿也不知道。要是现在，查一下网络就解决了。但是那时候哪有网络啊！乡村学校，能找到的纸质参考资料也少得可怜，当时学校的分管领导也没具体指导，就说把平时怎么上课大致说一下就可以了。当然，对于一所乡村小学的普通教师来说，自然不可能向当时的权威教研员请教。轮到自己去说课，我记得很清楚，抽到的是《詹天佑》，我很高兴，这篇课文我太熟悉了，上过多次公开课，于是三下两下就完成了说课前的准备。尽管独自一人来到县里参加比赛，但是因为是自己熟悉的课文，所以进去说的时候我很有把握。但是结果呢？没进下一轮比赛。当时还有点不平，感觉乡村小学老师肯定不被看好。后来慢慢知道说课是什么，我才知道失败的原因。我在整个说课的过程中既没有分条块，也没有说理论依据，根本没有按照当时的说课标准来进行，淘汰是很自然的事情。

唯一的一次参赛没有结果。后来我就走上了中层领导岗位，从少先队总辅导员做起，到后来担任副教导、教导主任、副校长，其他分管内容在不停变化，但分管语文的一直没变。后来，各种评课选优多了起来，有了自己的前车之鉴，我不停地辅导一些年轻教师参加比赛，也获得了一些比较好的成绩，但是自己再也没参加比赛。没有评课选优获奖经历，你在当地语文届再有名，那也是无法评选学科带头人的。

一个行政领导，语文教学也很不错，还辅导一个个老师参赛获得各种各样的成绩，但是自己却什么成绩也没有，听起来也会让人觉得有点可惜。所以校长找我，说培养老师的同时不要忘记自己的成长，尤其提醒我至少要去参评区学科带头人。我如实说了缺获奖课的情况。我们校长说，以后有类似的比赛，不要放弃。我说一个分管教导抢着去赛课，会不会被老师说抢他们的机会。校长坚定地说,以前没机会,现在有机会不去把握,那不是对自己不负责任吗?一个没有骨干教师称号的分管领导辅导再多老师也是不硬气的。

想想也是,走上行政岗位后,对自己的成长真的有点松懈了。有了校长的鼓励,工作将近15年后,我参加了评课选优,先是区级选拔,然后再参加了市级比赛,获得了二等奖。从此我有了参评区学科带头人的资格,也顺利评上了。

如果没有校长的鼓励提醒,我肯定不会去比赛,更无法获评区学科带头人。此后,我一如既往地培养青年教师,分管工作也取得了不小的成绩。2009年,我获评全国优秀教师,也让更多的人知道了我。但是在学科上,我没再去更高要求自己。但我是区语文学科基地的负责人,所以和区教研员接触比较多。我们的新任语文教研员一听我不是市语文学科带头人后很惊讶,她几次表达,在她的认知中,我是理所当然的市学科带头人,怎么会没参评呢?我又如实说,我没参加评课选优。因为以前的已经超过5年,不能用了。于是我们的教研员又争取了机会,还手把手和我一起磨课,让我参加了苏州市教科院的评课选优,让我有了参评资格,并顺利评上了市语文学科带头人。

我真的一直非常感谢我的师父和我们的教研员陈老师,到现在我最爱的还是语文教学,所以在校长岗位上,我也不舍得放弃语文课,但是没有他们,我真的不会再有机会参评学科带头人。

这次我师父再次提醒我参评姑苏教育人才,我一定得听她的话,所以我还真开始认真研究文件。一看文件,我又有点想放弃的想法。因为文件中规定,苏州市名教师可以直接参评,不占下派名额,而我只是学科带头人,得参与角逐。说到名教师,我也有点说不出的滋味。获评市学科带头人,我也有资格参评市名教师了。一次又一次整理资料,区里已经派人来现场评过,出线后可以送交市里了,所有的网络资料也都提交过了。哪知道到了市里,传来消息,校长不能参评名教师,以前没有这样的规定,这是第一次。我所有的资料全部白做了,只能作罢。因为不是名教师,导致这次姑苏人才也有影响。报还是不报?犹豫着……最后还是决定试试。因为平时没有放弃上公开课,也一直坚持写文章,还有不少文章已经发表,所以按照要求做材料,也算是条条符合的。材料经过区里初审,出线后再次送交市里,然后经历答辩等环节。到昨天,结果终于出来了。

我很幸运,在我几乎放弃自己成长的几个节点,都有贵人不停鼓励、提醒我。

写于2018年1月6日

叙事，
让成长不期而至

第一次尝试童漫公开课

周四，我终于完成了公开课，而且还是一点也没底的作文公开课。

上学期，我成为市名师共同体小语 2 组的成员。11 月份有个公开课活动，承办方周校问我要不要报课。尽管已经三四年没上过公开课了，但是不知怎么的，得知消息，我马上答复说要上公开课，没有任何犹豫。现在想来，还是因为自己喜欢课堂。

这几年，由于事务缠身，我已经没办法尽心带一个班的语文了。但是我就是想上语文课，每学年我都会和一位教语文的行政人员合作，向他要课，其中一节上小古文，其余只要我在校，就会和孩子一起学习教材上的课文。有时候学校老师请假多，时间又长，我也会连续几个星期进行代课。其实我是很希望能够静心待在课堂里的，我也曾很多次讲过，能够不理会手机，不理会事务，待在教室和孩子们一起上课是最幸福的事情。可惜，这样的幸福也常常会被打扰。

周校问我上什么课，一般情况下，肯定是上阅读教学课，但是我报了作文课。一直和学校分管语文的朱教导说起孩子们的作文困境，现在的孩子不喜欢作文是不容忽视的问题，为什么不喜欢，很多孩子总觉得没什么内容可写。每次老师布置了作文，孩子们总会绞尽脑汁想作文的素材。一旦有了作文素材，孩子们还是挺能写的。以前带班的时候曾经尝试过多次提供情境让孩子们写作文，结果孩子们的作文洋洋洒洒，可灵动了。我们学校的孩子语文成绩一直是三门学科中最薄弱的，如果能够改变写作文难的困境，我想语文成绩一定会有所改观吧。怎么改变，我们能否来做一些尝试呢？我曾经和很多有作文教学方面经验的朋友探讨过，也有过不少的想法，但是一直没能实行。这次要报上课内容，不如从我先尝试吧。于是犹豫中报了作文课。当然我也知道上作文公开课的难度，毕竟现在上作文公开课的不是很多，而我又是平生第一次尝试这样的课。但是转念一想，时间很多，我可以慢慢想慢慢准备。就这样，11 月份的作文公开课我算是报好了。

接下来的日子，倒是一直记得这件事情，但是仅仅是记得，从没真正静下心来去思考怎么上课。直到11月初，上课的时间都定了，不得不面对了。正好著名特级教师宋运来到我校进行作文公开课教学，他是童漫作文的创始人，早在五六年前，就听过宋特的课，感觉孩子们特别喜欢童漫作文，我也做过童漫作文的课堂实录，还在《新作文》上发表了。向宋特请教，我能否也尝试一下童漫作文，宋特给了我4张漫画，让我根据这4张漫画去设计作文教学。原本以为宋特上过这一课，能够给一点具体上课的指导，但是宋特说自己也从没上过，让我自己研究。就4幅漫画，什么都没有，我看了很多遍，就是没办法完全看懂。自己都看不懂，怎么能够上课呢？于是我产生了放弃上童漫作文的想法。宋特让我把这4幅漫画给孩子们看，什么也不用说，就让他们写，孩子们一定看得懂。我将信将疑，不过想起两年前和朱教导一起研究作文课，其中有一个相当于漫画类的视频，我们几个老师都没怎么看懂，但是给孩子们看，他们的灵感迸射，想法真的出乎我们的意料。看来孩子们的思维和我们大人的思维还是不一样的，这可能也是孩子们特别喜欢看漫画的缘故吧。那就试试吧。我把4幅漫画带到我任教的五(6)班，如实跟孩子们说自己怎么也没法看懂，让他们看着图画自己写。我还说我要借助他们的作文来理清我的上课思路。没想到孩子们还是很感兴趣的，一节课都完成了那篇作文。后来我认真阅读孩子们的作文，再整理自己的思路，终于能够将4幅漫画完整地联系起来了，也能确定主题了。于是我开始写下水文，也许是孩子们的作文给了我灵感，写着写着，我竟然刹不住自己的笔了，写了2800字。当然，孩子们的作文不可能这么写，但是我想得越全面，孩子们在课堂上出现的问题我就能预计得更加到位。将我的下水文发给宋特，宋特说，恭喜你，你的上课思路已经出来了。我一头雾水，这只是自己的下水文，怎么是上课思路呢。宋特说好好读自己的下水文，一定能想出上课思路。没办法，只能自己苦思冥想。经过几天断断续续的思考，作文设计初稿出来了，但是总感觉有点老土，因为没有任何参照，我担心这样的设计会不会和现在的教学理念脱节太多，但是又实在想不出更好的思路。看看离正式上课还有一个多星期，加上那几天正好有很多事情，于是就把这件事情给搁下了。

周四就要上课了，前一周的周日，我把自己关在家里，谢绝一切外出，开始认认真真思考正式的上课思路。一天的闭门不出，一次又一次修改，还是有成果的。周一完成了课件制作后，周二上午试上，随后朱教导和青青老师又与我一起研讨了一节课，确定了一些需要修改的地方。下午开会，没时间研究课，晚上回家修改。周三上午又进行了试上,感觉比第一次好了很多,下午又是参加区里的会议,只能晚上抽空进行微调。周四一大早我就来到了相城一实小参加名师共同体活动。上午听了两节课,看着其他上课的老师表现得自信从容,我还是很忐忑的,因为自己准备得不够充分,而到场听课的都是名师,好几位名师朋友还说是冲着我的课来的。我的压力好大,生怕自己的课上得太差。中午仅剩一刻钟左右的时间,我来到了上课地点,孩子们提前10分钟来到了。自己之前没能和上课班级的孩子进行任何的接触,如实向孩子们道了歉。这主要是有两方面的原因,一是时间确实紧,之前太松散,感觉时间还多,没能抓紧,等到最后一阶段,想抓紧都来不及了。二是我这节课如果能够充分调动孩子们的兴趣就成功了一半,若是我提前接触,说不定会忍不住让内容有所泄露,那孩子们的好奇心就会被减弱。基于以上两点,我还是没跟孩子们接触。组织孩子们到现场的工作都是班主任郭老师和晶晶老师帮我负责的。

课终于开始了,战场也上了,之前的忐忑焦虑也随之消失了。孩子们很投入,我自己感觉也很投入。课堂上出现了很多之前试上没发现的思维的火花,很是欣喜。整节课几乎每位学生都被调动了起来,上课提问覆盖面很广。一节课不知不觉就过去了,我心中的大石头也落地了。

随后的点评也是我最期待的,虽然自己没脱离语文课堂,但是现在走出去学习语文的机会太少太少,自己也没有很好地研究,我希望在场的名师专家能够给予更多的指导。研讨很是热烈,大家的专业素养让人钦佩。特级教师陈跃红站在高位对我的课进行了专题点评,很是感激。我将点评录了音,准备静下心来好好整理,好好反思。其他名师也进行了点评,我也很感谢他们的认可。当然我知道这样的点评肯定是优点说得多,缺点指出少。不过我并不会因此而迷失,我清楚地知道我的课在肯定是做到了激发孩子们的写作兴趣,这也是我最初最想解决的问题。至于课堂上牵引过多,放得太少等问题我也是明白的,因为毕竟第一次上作文公开课,自己心里没底,怕无法拉回来。要是以后有更多的机会上这样的作文公开课,我想我一定会做得更收放自如些。

课上完了,一大任务完成了,我心底的大石头也落地了。很多人说我是自加压力,也有人问我是不是还想有更多的追求。我只是笑笑,语文老师出身的我丢开业务太久了,心底还是虚虚的。有这样一次机会让我能在语文课堂上展示一下,我觉得还是挺有意义的。更重要的是我希望通过我的尝试,带动学校的其他语文老师一起来尝试。要是能真正让孩子们的习作兴趣有所提高,那更加有意义了,至于其他,真的没想过。

人都是有惰性的,要不是上学期毫不犹豫地报了这节作文课,硬逼着自己去思考,也就不会有这一节作文课的存在,这也是逼自己一把的成果吧。

写于 2018 年 12 月 8 日

坚持是最大的胜利

叙事者望亭团队已经成立三周年了,我们大家都觉得,应该好好庆祝一下。但是我始终认为,不要太惊动别人,所以我们决定只在团队内部庆祝。本来每两个月我们就会有一次线下活动,那就利用线下活动的时间搞庆祝吧。

和张丽静一次又一次商议,叙事者望亭团队的全部成员也坐在一起出谋划策,最后基本方案确定。其中有一项是要将三年叙事和读后感集结,也算是一个阶段性小结,到时候要进行展示。

接到任务后,我利用一个双休打开新浪博客开始整理。从 2016 年 3 月的第二周开始,将一篇篇叙事整理在一个文档,一篇篇读后感也罗列出来。因为我从没落下过任何一次作业,所以按照日期来排都是很容易的。整理完毕,看了一下数字,叙事 23 万多字,读后感 6 万多字。30 多万字,合起来应该是一本不算太薄的书了吧,我自己都有点不相信竟然会有那么多。

聚沙成塔,集腋成裘,这就是积累的成绩。我也很为自己自豪,如果对自己稍一放松,我可能就不会坚持到现在,也就见不到那么多文字了。尽管文字还很粗糙,但这是我一个字一个字从键盘上敲击出来的,记录的是身边的事情,表达的是真实的心声。再读那些文字,往事自然而然浮现在眼前。

我们的作业规定是在周六 8 点前交,一般情况下,我都会提前完成,确保在规定时间前提交到我们的叙事者望亭团队群中,但是有几次还真发生了意外。

那是 2018 年 1 月 5 日,我被邀请参加"重建师生关系"苏州站大型公益论坛,分享我们学校的"我喜欢你"特色课程。没完成任务之前,我一直在准备这次分享，当周的作业一直没写。我如意算盘打得很好，周六上午我分享结束，心理负担就卸下了，反正带着电脑，中午休息时间可以完成作业。即使中午没时间，学习结束后回到家里，我还有时间写作业，到时候赶在晚上8点之前交作业还是没问题的。

可是事情往往没有自己预想的那么顺利。由于自己的分享很多老师都很感兴趣，中午被那些好学的老师围着问这问那。对于好学的老师，我总是心怀敬意，我又是个比较热情的人，所以我肯定不好意思扫那些老师们的兴，他们问什么我答什么，中午根本没有休息时间，更别说有时间去写作业了。我期待着晚上回去写，哪知道下午上课前，组委会通知我晚上安排了沙龙活动，这是我感兴趣的话题，朋友也力邀我参加。如果晚上参加活动，那么我的作业就来不及完成；如果等我参加完活动再赶回去，那肯定要半夜三更了，我不可能让负责收作业的老师等我。如果不参加活动，那么难得的机会，我又有点不甘心，而且拒绝朋友也有点不好意思。我真的怪自己前些天没有抓紧时间完成作业，以至于到了最后一天那么被动。怎么能既按时上交作业又参加晚上的活动呢？唯有利用下午听课的时间写作业。

会场里人很多，台上讲课的老师讲得很精彩，但是我肯定不能专心致志地听课了。因为电脑快没电了，我在会场找了靠边有电源插座的地方，开始构思我的一周一叙事。我在键盘上敲击文字的同时，不时还停下来听听台上的讲课。写写停停，完成作业的速度不是很快，但还是在中场休息前完成了作业。但是会场没有无线网络，我无法在电脑上把自己的作业发到博客上。有人提议用手机共享热点，但是不知什么原因没有成功。怎么办呢？最后终于找到了承办学校的老师，带我找了个办公室，再连上无线网络，把作业发到了博客上，并把作业链接发给了收作业的老师。做完这一切，我长长舒了一口气。

也许很多人不理解我的执拗。自己已经不在一线了，做的又是管理工作，一个民间的沙龙完全可以不参加，何苦让自己这么折腾呢？而我觉得，不在一线，并不代表可以不需要学习一线老师们的一些做法。技多不压身，多听听人家的经验，对自己的管理总是有好处的。由于在校长岗位，外出需要多部门审批，所以真正外出学习的机会不多，这次放假后利用空余时间学学人家的经验，对我来说是很宝贵的经历。

也许还有人会说，不就晚交一次作业吗？有什么大不了的。在我认为，不交作业我是坚决不能同意的,从 2016 年 3 月开始,每周一文,最初的坚持是比较艰难的,但是我们都挺过来了,如今一切都比较顺了,如果放松对自己的要求,那就可能会前功尽弃。因为有了第一次,可能就会有第二次,我绝不允许给自己借口,让自己懈怠。

尽管那个下午真的有点手忙脚乱,但是当我想尽办法完成作业并上交后,内心的舒坦和愉悦是别人难以体会的。

从 2016 年 3 月开始,3 年 36 个月,100 多个星期,大多数时候我会提前准备好作业,顺利提交。实在两难时,我也始终坚持,再难也要在周六完成作业。所以周末出差的火车上,我曾经赶写过作业;和朋友在一起相聚时,我也曾提前离开,为的就是完成作业……

正因为自己的坚持,正因为自己的坚定,所以 3 年内我没落过任何一次作业。坚持是最大的胜利,看着自己 30 多万的文字,我再次为自己自豪。

写于 2019 年 3 月 23 日

做一个懂孩子的老师

昨天,叙事者"四有好老师"团队开展"争当'四有好老师',叙事家人话'筑梦'"主题活动,因为我们一直在做"大叙事者牵手小叙事者"活动,所以活动现场邀请了几位高年级小叙事者一起参加。在讨论到"怎样才能当一个好班主任"话题的时候,张丽静请小叙事者来谈谈。两个孩子很大方,都谈到了老师要懂学生,不要让学生去猜老师的想法,其中一个男孩子还讲到老师不要做无厘头的事情,发无厘头的火。男孩子的发言让在场的大叙事者都笑了,但是笑归笑,孩子的发言的确引起了我们的深思。

"我是为你好!"这句话我们并不陌生,因为我们的家长经常这样说,我们的老师也经常这样说。家长、老师对孩子的关切这是不容置疑的,"为你好"的初衷也是无可辩驳的,但是你的好意孩子能领会吗?昨天到场的小叙事者都是班中特别优秀的孩子,尽管我们都说老师是公平对待每一个孩子的,但是不得不承认,班中优秀的孩子得到的各方面关爱会多一些。但就是这样的孩子,还是觉得老师不懂他们,老师会做一些无厘头的事情,会发一些无厘头的火。当然我们也经常听到家长、老师的抱怨,现在的孩子怎么啦?明明一片好心,但就是得不到理解,有时候甚至搞得"鸡飞狗跳",大人们也是满心的委屈。小孩怪大人不懂孩子,大人怪孩子不理解大人,你觉得委屈,我也觉得委屈,这样的死结一直存在。

那么症结到底在哪里呢?其实静下心来想想还是很显而易见的,那就是无论是大人还是孩子,都只是站在自己的角度思考问题。

儿子在读小学时,有一次中午休息的时候不知因为什么事情,直冲进我的教导处办公室。那时候,我们办公室一共4位老师,我坐在最后一排。那天因为其他原因,我心情不是特别好。儿子可能因为着急有事找我,冲进我办公室时,既没敲门,也没和其他老师打招呼。而先前我一直告诉他,一般情况下不要进我办公室,有事找我即使门开着也要敲门示意,还要和其他老师打招呼。那天他直冲进来,我觉得太没礼貌了,而且这么没记性,所以想给儿子一点教训。我严厉地惩罚他回到门口,想明白我为什么这样惩罚他后再进来。儿子无奈,退回到了门口。

站了一会儿,儿子过来问是不是因为这个原因,我叫他出去继续想;又过了一会儿,儿子又进来说了另一个理由,我继续狠狠地让他出去反思……一连好几次,儿子都没说对理由,他一次又一次来到我座位旁,然后又被我狠狠地骂出去。当时我非常恼火,认为他连这么明显的错误也不知道,要么是故意的,要么是实在不懂事,于是一而再、再而三地惩罚他,但是就不愿主动和儿子沟通。儿子那次真的站了很久,最后哭得很厉害。后来因为上课铃声响了,我才让他走,并再次告诉他进办公室要敲门要跟老师打招呼。孩子是抽噎着离开的,但是我理所当然地认为,我是他的妈妈,让他吃点苦头,以后就记住了,我是为他好。

儿子还真记住了这件事情,但不是记住自己犯了什么错,而是记住自己的妈妈是多么的严厉,多么的不懂他。而这一切是在多年以后我整理儿子高中时的东西时无意间在一本小作文本中发现的。

他说当时被我呵斥着退回到门口,真的是丈二和尚摸不着头脑,但是看到我那么严厉,也不敢多说话,于是只能可怜地站在门口。他实在不知道自己哪里错了,于是一个一个猜,但是都被我狠狠地骂回去。路过的同学以异样的眼光看他,教导主任的儿子被罚站,他们觉得很有趣,而儿子却莫名其妙,真的很委屈。其他老师见他站了那么久,好心要拉他进门,但是他不敢。问他原因,他只能茫然地摇头。他反复在文中说他当时真的不知道自己犯了什么错,实在太委屈了。他甚至说,恨不得一下子跳下楼去。那么多年过去了,看到这一句,我的脊背发凉,倒抽了一口凉气。真的没想到,我的自以为是竟然给儿子带来了那么大的伤害,直到读高中他还耿耿于怀,其中的委屈还那么明显。

看来大人和孩子的思考角度真的是不一样的:其一,作为大人,我认为敲门、打招呼是孩子理所应当做到的,而作为孩子,儿子因为着急根本没考虑这些;其二,作为大人,我觉得孩子一直说不准理由,要么是故意,要么实在不懂事,作为孩子,儿子实在不知道是什么原因,于是只能一个一个猜;其三,作为大人,我觉得给你点教训你就记住了,作为孩子,儿子觉得妈妈这么不理解自己,让自己这么难堪,甚至产生了极端想法……人家说母子连心,就这么一件小事情,母子都无法想到一块儿,何况是老师和学生呢?

老师和学生思考的角度不一样,立场也不一样,所以导致彼此产生不一致的想法。那么怎么来弥补呢?彼此改变思考的角度,设身处地替对方着想自然是最理想的状态,但是孩子毕竟是孩子,尤其我们的工作对象是小学生,他们的成长规律告诉我们,在考虑问题上,他们有自己的局限,还不可能和我们成人一样有完整的思维模式。那么更多的改变应该来源于我们老师。多学习、多思考,打开自己的眼界,拓展自己的视野,才能从多角度去考虑问题。就像昨天,孩子谈了看法后,我们也进行了反思和探讨。今后,当我们再和孩子相处,作出跟孩子密切相关的决定时,一定会想起俩孩子的话,也会促使自己更多地站在孩子的角度去思考,这样也才能得到更多孩子的理解、支持和喜欢。

懂孩子,真的很重要;怎样懂孩子,反思学习很重要。做一个懂孩子的老师,这也是我们叙事者"四有好老师"团队首先要做到的。

写于 2020 年 6 月 13 日

叙事，
让成长不期而至

逼自己一把，很值得

　　6月9日，终于上完了自己的创意童漫作文公开课，心头的大石头一下子就落地了，整个人放松了。回看这几天的历程，再次感慨，逼自己一把，很值得。
　　我们学校是整个苏州大市最西边的学校，与无锡一湖之隔，是典型的乡村学校。乡村学校有城市学校无法比拟的亲近乡土的优势，但是师资、生源上也有一定的劣势。众所周知，作文在学生的语文学习中有着绝对重要的地位，但是我们学校学生的作文总是不令人满意，老师怕教，学生怕写。怎么让学生对作文感兴趣呢？这是我们一直在思考的问题。经过多方考察与实践，我们尝试引进创意童漫作文的项目，期待通过有趣好玩的漫画，激发孩子写作的兴趣，在一定程度上改变学生怕写作文的问题。
　　之前我曾经有过创意童漫作文的尝试，也有一定的实践经验，所以我主动提出在启动仪式上我来上一节课，做个引领。由于疫情，启动仪式被耽搁了下来，后来我又骨折了，这个事情再次被耽搁了下来。今年，我一直牵挂着这件事情，但是由于自己一直没备好课，也没将这件事情尽快定下来。眼看进入6月了，再不完成要进入下一个学期了，所以初步定于6月9日启动。我想只要日子确定，我就没有再拖延的理由，就能立即进入备课状态了。
　　因为我要开课，我和我们"名师领航"高研班小学语文组导师和组长报备，希望这次活动也能作为我们组的实践研修。我们组长汤总校长是个特别热情的人，知道我们曾想过请省小语教研员李亮老师前来指导，立马打电话邀请李老师。李老师是个特别忙碌的人，他把自己的行程排了一下，发现这学期没有时间了，便答应下学期过来。
　　之前一直没备好课，我也挺着急，想借着确定时间后再没有理由拖延逼自己尽快完成备课，现在又有了拖延的理由。我信誓旦旦地表示，利用暑假我一定好好备课，其实心头的弦又松了下来。
　　5月31日，我突然接到汤校的电话，说李亮老师8号在吴江活动，9号上午正好有空，可以到我们学校来听课。剩下没几天了，我还没备课呢，加上六一期间活动忙，我能完成任务吗？我一下子就高度紧张起来。但是这次是没有任何理由可以推脱的。于是我利用空余时间开始准备。

童漫作文首先要找到合适的漫画。在创意童漫作文首创者宋老师的帮助下,漫画被确定了下来。我是个读图能力特别弱的人,拿到漫画,我竟怎么也看不懂。问宋老师,他说自己读懂才有深切的感受,别人给予,到最后你无法走进漫画,也很难上出好课来。想想也是,自己上课,还得自己领会漫画的深意,走得进去才能走得出来,靠别人帮助终究不是办法。6月2日晚上,我对着图观察、思考、想象,我要把下水文写出来,随后才能去设计整节课的流程。但是到深夜12点了,我还没有让下水文成形,于是当天的准备宣告失败。6月3日晚上,我继续伏案准备,这天终于把下水文写出来了。但自己的课堂设计怎么和学生的写作有机结合起来,我还是没能想通,所以教学设计没能完全完成。6月4日,课终于有点成形了,于是我开始设计学生的练习、设计PPT。我把分管语文的朱教导叫来,对着电脑将我的思考跟她说了一遍,也把自己的困惑提了出来,这也算是我们的第一次磨课。6月5号、6号双休招生,几乎没怎么准备。6月7日上午第三节课,我进行了第一次试上,随后分管教导、教研组长马上进行了研讨,提出了需要修改的地方。下午是外出会议,也无法再进行试上。6月8日,上午开会,下午第四节课准备试上,正好宋老师也到了,于是进行了第二次试上,随后宋老师进行了指导。当天晚上,根据专家指导,我再次进行了修改,修改完毕,时间已经不早了,也没时间熟悉教案了。第二天,我把闹钟比往常提早了一个小时,草草地熟悉了一下教案。

9号终于到了,迎接专家,带专家在校园参观,我根本没时间去顾及自己的课。9点开始上课,8点57分,我带着专家们来到了会场,随后就开始了自己的课程。好在这是一节根本无须接触学生,也不能有任何一点渗透的课,否则真的怕出洋相。

公开课终于上完了,无论是自我感觉,还是各方反应,都应该是一次成功的尝试。我很兴奋,我的团队也很激动,好的开端是成功的一半,今后我们开启童漫作文研究也就有了更多的自信。

这次活动,压力最大的是我。这倒不是因为我是校长,上得不好怕被老师们笑话,而是省市小语教研员都来听课,这让我倍感压力。市小语教研员许老师是我的导师,在自己师父面前,即使没上好,也会得到包容的,但省小语教研员李亮老师是我们省小语届的最高权威,能到最偏僻的乡村学校来,是我们的荣幸,如果我的课上得一塌糊涂,一定会让许老师丢脸。如果有比较长的时间准备，如果有足够多的时间磨课，我的担忧可能还会少一点，而这些条件都不具备。好在，一切都很顺利。艰难中取得的胜利，是最让人难忘的，也是最弥足珍贵的。我一直想，如果不是逼自己一把，我一生之中都不可能有机会得到李亮老师的指导；如果不逼自己一把，我引领大家开展童漫作文研究就没有现在的底气；如果不逼自己一把，我就没有完成任务后所得到的欢畅愉快。

逼自己一把，真的很值得！

写于 2021 年 6 月 12 日

故事里的百味生活

哪怕我永远也长不大

都说生儿育女是为了养老防老,可我觉得,直到今天,在我母亲眼里我仍旧没有长大,她仍旧像我小时候那样不停地为我操心着。

那阶段,我感冒了,白天和母亲通电话的时候,我咳嗽不止。母亲非常担心,不停地问这问那,还一直嘱咐我去医院看看。我为了不再让她担心,说实话也有点怕她"烦",所以随口答应下班后就去医院看看。听到我答应去医院,母亲才松了一口气,临放下电话的时候,还在叮嘱什么,因为急于挂电话,我没听清楚。其实我根本没把感冒咳嗽放在心上,自然也不会去看医生。

那天晚上,朋友相约,我们夫妻俩就和朋友聚会去了,直到晚上11点多才回家。冬天的深夜,寒霜已降,我们从开着空调的汽车里走出来,被寒风一吹,冷得瑟瑟发抖。还没走到门口,就看见门口停着一辆小三轮车,再走近一点,看到裹得严严实实的母亲站在小三轮车的旁边不停地跺着脚,父亲也在旁边有点哆哆嗦嗦。我被吓坏了,那么冷的天,又是大半夜了,已过古稀的父母守在我家门口,到底出什么事情了。我赶紧走上前去,想问个究竟。没想到母亲一看我们回来,立刻迎了上来,还紧张兮兮地拉住了我,不停地问:"你到底怎么啦?出什么事情了?"我还没来得及问他们,反而被母亲问得莫名其妙。打开围墙门想拉父母进屋说,但是执拗的母亲似乎全然忘了寒冷,非要问个"怎么啦?"静下心来问父亲,我才弄明白。白天母亲放下电话时反复叮嘱我,去医院看病后一定要打个电话给她说说情况,再晚也要打。而我没听见母亲最后的叮嘱,也没去医院看病,自然没有打电话给母亲。晚饭过后,母亲一直在等我的电话,因为一直没有铃声响起,母亲还时不时去看看电话线是否都插好了。可是等到很晚也没接到我的电话,母亲不识字,平时也记不住电话号码,所以她要父亲给我打电话。事情就那么凑巧,那天我手机没电,关机了。于是,她又让父亲打家里电话,没人接。这让母亲坚信,不在家里一定在医院。知道我上医院了,却联系不上,母亲着急得像热锅上的蚂蚁,不停地让父亲一遍又一遍打手机和座机。越是打不通,越是着急。父亲比母亲沉稳,劝母亲说感冒没大事的,但是哪里顶用啊。最后实在无奈,母亲非要逼着父亲陪她一起到我家看看。来到我家,叫门没人应，于是他们更不放心了，母亲说看完病总归要回来的，硬是要在我家门前守候，等我回家。也不知两位老人是太着急了，还是因为平时是我打电话回家居多，他们只知道打我的手机和家里的电话，却忘了还可以打我先生的电话。

"你们怎么这样？还以为我是小孩子啊！我会有什么事情？你们年纪这么大了，半夜三更冻坏了，或者路上有什么，那该怎么办？"我不知道怎么表达自己的情绪，几乎是带着哭腔生气地不停地说着上面几句话。当得知我没事，母亲不但没生气，反而如释重负，不停地说："没事就好，没事就好！这样我就安心了。"自责、羞愧、后怕、担心，说不清的情绪蔓延，又蔓延，我的泪水再也没能忍住。但是我却不敢让母亲看到，所以以开门为由走进了院子，等我开好门再出去硬要拉父母进屋的时候，老人已经骑上小三轮远去了，任我和先生怎么挽留都没用。母亲冒着寒冷安心回家了，可我，怎么能安心？不光是那个晚上我没能安心，直到今天，只要想起，我依旧不安心。

我只是一点咳嗽，就让母亲如此担心，甚至半夜三更也要亲自赶到家里来看个究竟，而她自己即使摔伤了也不愿让我们操心。前几个星期，接到侄女电话，说奶奶摔了一跤，叫我马上到母亲家里。我心急火燎赶回家，看到母亲摔得鼻青脸肿，身体也多处擦伤。我生气地问父亲怎么不打电话给我，父亲说母亲不让，说只是皮外伤，没伤到筋骨，不碍事。还说我们工作忙，要是打了电话，一定很着急。我真是又心疼又无奈。我要带她去医院，她还死活不肯去，后来好说歹说才答应让我带到社区医院看看。所幸真的没大事，配了一点消炎药就回家了。

我的母亲很平凡，但是平凡的母亲传递给我的爱却总是让我不知道该用怎样的语言来表述，也许这就是大爱无声吧。

45年了，我似乎没能尽什么孝心，倒是一直像孩子一样，享受着母亲无尽的爱。我很幸福，多么希望我能一直一直享受母亲的爱，哪怕我永远也长不大。

写于2017年5月10日

"幸福"来敲门

下午,我正在办公室处理似乎永远也没完没了的事务。突然,传来了轻轻的敲门声。

"请进!"这扇门每天会被无数次敲响,每次一喊"请进",一般情况下,门马上会打开,进来的自然是自己学校的行政人员或者老师。

可是,这次我喊过之后,门没有被打开。怎么回事?难道我喊得太轻,没有听见?于是,我加大声音,再次喊了一声"请进!"这次,门上有声音了,但感觉得出,开门的人不是很利索。随后门开了一条缝,两个男孩子的小脑袋微微地探了进来,叫不出名字,但其中一个孩子脸很熟悉,上午听的科学课就是这个班级的,这个孩子发言积极,好像听到教科学的宋老师还称他为班长。我一愣,怎么会是孩子?我不教这个班的课,一般孩子是不会来我办公室的。但是既然来了,肯定有事,愣过之后我赶紧站起来叫他们进来。他们也愣了一下,似乎有点不想进来,但看见我这么招呼还是走了进来。等他们走到我办公桌面前,我探出身子,微微前倾,赶紧问有什么事情。两个孩子互相看了一眼,有点羞涩地笑了笑,突然其中我认识的那个孩子朝我鞠了个躬,然后说了一声"校长,女神节快乐!"几乎在同时,另一个男孩的鞠躬和祝福也紧随而至,但看得出来,两个孩子并没有事先说好。尽管有点惊讶,但我还是迅速反应过来,回鞠了个躬,然后真诚地回了句"谢谢!""不用谢!"两个孩子很有礼貌,这次可是异口同声的。看到两个孩子还站在我面前,我想一定有什么事情,于是紧接着问:"找我还有什么事情吗?"又是对望一笑,然后熟悉的那个男孩说"没事"。"就是来祝福我节日快乐的?"我还傻傻地追问了一句。"是的!"两个孩子很坚定。"嗯,再次感谢,老师得到你们的祝福很高兴!"两个孩子笑了笑,随后就和我说了再见,快速出了门。

"女神节快乐!"从孩子嘴里说出来,总感觉挺好玩的,也挺意外,但是更多的是开心,一扫忙乱处理事务的繁杂心情。坐回办公桌前,想着俩孩子的可爱,我脸上的笑意荡漾开去,不想快速回归工作,而是静静地回味。

"笃笃笃",还没从回味中回过神来,门又敲响了,这次敲得似乎很坚定,我想一定是行政人员或者老师，照例喊了"请进"。门迅速被打开了，一下子涌进来了四个差不多高的小男孩，刚才两个孩子也在，我还没弄清楚怎么回事，四个男孩一起鞠躬，"校长，女神节快乐！"然后齐刷刷地喊出了节日祝福。啊？又来祝福的呀！我赶紧站起来，刚想回礼，刚才那个熟悉的男孩双手奉上了一支包装好的康乃馨，然后对我说："这是我们朱老师在综合实践课上叫我们做的礼品花，送给您！"是我最喜欢的鲜花，而且还是孩子们在综合实践活动课上自己包扎的，太意外了！我赶紧说："谢谢！谢谢！"孩子们说是课上做的，但是鲜花谁买的呢？孩子自己出钱去买的？我赶紧追问了一句。几个男孩一起说，朱老师自己买了鲜花教我们做的。哦，好有心的综合实践老师啊！满满的幸福！

　　看着四个可爱的男孩，我突然明白前面两个男孩其实并不是前来和我说"女神节快乐"的，而是来"刺探"情报的，看我在不在。因为门关着，必须敲门才知道。我的连续两次"请进"把两个原本不敢进来的孩子请了进来，但是他们很灵活，当我问他们什么事情的时候，迅速表达对我的节日祝福。前面一次是无准备之战，而四个男孩进来显然是准备好的，所以没有丝毫扭捏。

　　几个男孩子，为了给老师送花，在课上学着包扎鲜花，花上还绑了个粉色的蝴蝶结，很是可爱，也很惹人喜欢，我忍不住想记录下这个美好的瞬间，于是赶紧叫德育处徐婷老师上来给我们拍了一张合影。四个男孩虽然有点紧张，但是这美好的瞬间却被定格。

　　事后我把照片传给综合实践朱老师，并称赞她的有心。朱老师说，其实这就是一节课上的活动，这次只是借着节日将孩子们的劳动成果作了分享，孩子们包扎鲜花的时候虽然显得有点笨拙，但是都很用心。

　　用心的老师，有爱的孩子，最好的教育就在平凡的课堂上生根，美好的情感就在不经意间发芽。而我，在意外之中，享受了"幸福"来敲门的喜悦。

写于 2018 年 3 月 10 日

来自奶奶的特别问候

寒假二十多天的休息时间,充满了过年的欢乐氛围,面对新学期的到来,很多学生会出现焦虑、不适应等不良心理情绪。近几年结合中华民族贺年迎新的传统习俗,我们都以红包为纽带,把假期和新学期联结起来,让学生能在学校感受到家的温馨,同时感受中华传统文化,营造新年和谐奋发的校园新气象。今年也不例外。今年的"红包"内容很多,有作业免做券、值日免做券、老师合影券、校长合影券、选择同桌券、采摘草莓券、岗位体验券等等。韩校长和德育处很用心,前期宣传和氛围营造都很不错。

开学那天一大早,我和几个行政人员早早来到校门口开始给孩子们派发红包。孩子们井然有序地领着红包,因为前期宣传的时候已经将"红包密语"发给家长,要求家长提醒孩子领红包的时候必须说上一定的礼貌用语,所以每一个孩子在接红包之前都会很有礼貌地鞠一躬,说一声"老师,新年好!"我们也会微微鞠躬,双手奉上红包,亲切地回一声"新年好,给你红包!"孩子们双手接过红包,再道一声"谢谢老师",我们自然会回一声"不用谢!"领到红包的孩子欢天喜地地往校园中走,当然等不及到教室,他们就会打开红包,迫不及待地看看到底拿到了什么内容的"新年红包",一路上还不时和身边的同学交流着拿到红包的喜悦。虽然初春早晨寒意依旧,但是师生们因为红包而心头暖暖的。

学生上学的高峰很快过去,我们的面前已经没有排队领红包的孩子了,稍晚一点上学的孩子,随便走到哪个分发老师面前都能很快领到红包。我们在其乐融融的氛围中忙碌着,虽然很开心,但是累也是很实在的,现在终于有时间直起腰抬头看看周围的景色了。突然,看到无数次在我日志中出现的小施同学和他的奶奶在朝我们分发红包的地方走来。我们几个发红包的老师是一字儿排开在校门口的,在离我们还有两三米的地方,祖孙俩停了下来,小施同学似乎有点犹豫应该走到哪个人面前领红包。他奶奶也没立即回去,而是站在小施旁边,也用好奇的目光左右看着。

这对祖孙,也算是我们学校的"名人",从一年级小施到我们学校开始上学,

> 叙事，
> 让成长不期而至

学校太多太多的人都知道小施。我和这位奶奶也已经打过无数次交道，为了孩子，我甚至和她争吵过。因为我清楚地意识到小施同学先前有那么多的坏习惯，奶奶对他的宠溺是"功不可没"的，而且不止一次听熟悉这位奶奶的人说起过她的蛮横、无理。两年前，也是在这校门口，我在巡视，她竟然冤枉我们老师，我当场把事情弄明白，并且很严厉地批评了她。虽说在邻居那里很蛮横，但是在我的有理有据面前，她的蛮横无用武之地，所以那次她是很没面子地离开的。从此以后，她不大敢正面和我接触，我也很明确地告诉她：如果再给孩子带来不良影响，我将不允许她进入我们的学校，我还说我会和孩子的父亲沟通，以后不许奶奶送孩子。后来，他们家庭中迎来了新妈妈，孩子的教育慢慢被重视，当然也可能是随着年龄的增长，孩子的心智慢慢成熟，小施从让人操碎心，连上课也无法安心待在教室里，到现在基本能自我控制，不再整天惹是生非了。我无数次和人说起过这个孩子，文字中也无数次写到过这个孩子。现在我已经很少再找这个孩子了，这也是很让人欣慰的。

看到这对祖孙在犹豫，我赶紧喊了一声："来，施××，到我这儿领红包！"小施还有点犹豫，似乎想朝我旁边的行政人员那儿去领。没想到她奶奶轻轻把小施推了一把，然后带着微笑说："赶快到校长那儿领红包！"就这样，小施半推半就，来到了我面前。我笑着看他，等他说"红包密语"，但是他没有反应。我提醒他要先说了才能领红包，他似乎有点茫然，不知道怎么说。这孩子现在的家庭虽然比以前正常多了，但是再婚家庭的问题还是存在，我猜想孩子父亲没把今天领红包的相关内容告诉孩子。所以我让孩子赶紧用心听一下校门口广播中的"温馨提示"。没过一会儿，小施就明白了，赶紧说了声"校长，新年好！"广播里提醒的是"老师，新年好"，但是他却会很灵活地说"校长，新年好！"这孩子，智力真的没有问题，只是因为先前的家庭原因，导致了学习、行为出现偏差，所以一直以来我都很怜惜这个孩子。我很快双手递上了红包，小施伸出一只手要接红包，我缩回双手，告诉他要像我这样双手接，这是最起码的礼貌。他愣了一下，迅速伸出双手接过了红包，随后闪身准备往校园走。我刚想喊住他要说声"谢谢"，"赶快谢谢校长！"奶奶的声音传了过来，太出乎我的意料了。小施也意识到了，赶紧回转身，斜着身子微微弯下，似乎有点羞涩地说了声"谢谢校长！"我也扭转身，轻轻摸了一下小施的头，回了一声"真有礼貌，不用谢！"随后我又大声朝着奶奶的方向说："施××现在变得越来越乖了！"奶奶愣了一下，张嘴似乎想说什么，但是却没有说出来，只是朝我笑了笑。此时以前在她身上的那种凶悍不见了,取而代之的是老年人该有的那种慈爱。而小施呢,歪着头朝我看了一下,然后快速地奔进了校园。虽然看到的是他的背影,但是脚步轻快,我完全能感受到孩子内心的那份雀跃。我也被眼前的情景深深触动了,我知道,这孩子从小到大一直被人告状,"不乖"已经是最不严重的说法了,所以当着奶奶的面说孩子"乖",奶奶也许有点不适应,但我知道奶奶和孩子一样,内心是欣喜的。有点自责,以前我也许对那奶奶凶了点。

"老师,新年好!"一个小女孩甜甜的声音打断了我的思绪,哦,得继续发红包了。陆陆续续有孩子过来,我继续弯着腰低着头认真地发着红包。"校长新年好!"我习惯性地拿出红包想递上去,不对!怎么是成人苍老的声音?我抬起头来,只见小施的奶奶站在我的面前,微微弯着腰在对我打招呼。这下倒把我给愣住了,我压根没想到她会这样,而且无论是声音还是姿势都可以看得出来,奶奶是十分真诚的。也许别人看不出我有什么大的变化,但是我知道,我的脸肯定是红的。我赶紧说"新年好!新年好!"小施奶奶也没再回应,只是笑着从我面前走过,然后朝校门相反方向走。她回家了!

看着小施奶奶的背影,我的思绪又被拉回到了以前和她针锋相对的回忆之中。不得不说,那时候的孩子奶奶确实让人生气,孩子犯错了,她不是引导孩子,而是觉得所有人看不起他们,所以教孩子要强硬,你说我一句,我要还你一拳。她一直教孩子,只有自己表现得比别人厉害,别人才不会欺负他们。而她自己也跟小施同学的家长吵,甚至在校门口引来了警察;她还会跟小施的任课老师闹,让我们的老师很是无奈……在这样的奶奶的影响下,孩子的所作所为让我们操碎了心。后来,在方方面面的努力下,孩子慢慢改变,我们也适时给了孩子更多的鼓励,孩子感受到了被关爱的温暖,让我们操心得也越来越少。我跟奶奶说的"孩子乖"也是我的真心话,也许小施还不能和其他孩子比,但是和曾经的自己比,他进步多了。小施奶奶也许从没有听过老师当着好几个人的面表扬她的孙子,所以先是愣住了,但是她的内心却是被温暖到了,所以才会和孩子一样走到我面前问好。

特殊家庭的孩子需要更多的鼓励和赞美,特殊家庭的大人何尝不需要别人的鼓励和赞美呢?这不,一次红包的发送,一次不经意的对特殊孩子的表扬,竟让我收获了意想不到的来自奶奶的问候。而这声问候,是特别有意义的。

写于2018年3月17日

叙事，
让成长不期而至

父亲需要我们照顾了

父亲住院了，忙完六一大活动的双休，我终于可以定定心心在医院陪护了。

上了呼吸机的父亲活动很不方便，吃饭、上厕所都要伺候，而他又实在没什么精神，总是在昏睡，我时不时叫醒他，和他说说话，但他说不了一两句话就又睡了。上厕所和吃饭，我要帮他拿掉呼吸机，随后总要帮他擦擦脸和手，父亲深陷的眼窝、枯瘦的双手总让我觉得有点不真实。这是我的父亲吗？

我的父亲，土生土长的农民，我觉得他浑身都是摆弄庄稼的力气。集体种田时，他当过小队长，我脑海中永远是父亲带着全村人在农田里挥汗如雨的景象，那种热火朝天干活的情景怎么也无法忘却。大队里开了砖瓦厂，父亲带着村里的人做砖坯，全手工制作，每次把泥甩进那个简陋的模具里要花很大的力气，但是父亲似乎有着永远也使不完的力气，每次都是他做得最快，因而砖坯数量最多。村里人没有人不服他的，因为他力气大，做活行，又总是带头干。小时候的我一直觉得当农民很辛苦，因为我看到的永远是父亲匆匆忙忙满头大汗干活的样子。但是幼小的我却总是很自豪，因为一直听到别人夸我父亲能干，谁都及不上我父亲。那时候的父亲似乎什么都难不倒他。

读师范学校的时候，父亲到吴江来看我，因为修路，路上堵车，父亲回去时从我学校到苏州城里已经晚上10点多了，根本没有回我们小镇的大公共汽车，自然也没有现在这么方便的出租车。当然，即使有，我想父亲肯定也不会坐的，因为他舍不得钱。父亲又不舍得住旅馆，他要赶回家。但是那么远的路，那么黑的天，怎么找到回家的路呢？父亲竟然想到了一个绝招，那就是沿着铁路线走，然后就走到了离我们小镇不远的浒关镇。到了那里，他自然就认识回家的路了。父亲到家的时候天已经亮了，那时候的铁路线几乎没有灯光，更很少有人烟，一旦出什么事情，那岂不是太可怕了，所以事后母亲告诉我的时候我们都觉得有点后怕。但是父亲却很自豪，因为他觉得自己天不怕地不怕，走黑路又怕什么。我虽然听得鼻子酸酸的，但是也真心觉得父亲很能干，一般的人怎么能做到这点呢？可是现在躺在病床上的父亲，那么瘦小，那么无力，我怎么也无法和脑海中的父亲对接起来。

父亲住院，平时总是母亲陪护，我们主要是晚上探望和双休陪护。有几次，同房间的病友家属或者是医生都跟我说，和我父母交流很困难，因为他们听不大懂普通话，更不会说普通话。母亲不识字，听不懂不会说我能理解。但是父亲不该是这样的呀。他虽然文化不高，听他说是念完了那时候的高小（可能相当于小学毕业吧）。但是他能说会写，因为是小队长，他经常要召集社员开会，还写得一手不错的毛笔字，那时候村里人要写信什么的，父亲也总会代劳。印象最深的是我读小学的时候，电视机开始在我们村里出现，但是很难买到。后来不知是谁给了我家一张电视机票，那是多么值得高兴的事情啊！于是年少不懂事的我总是催父亲赶紧拿着票去买那个电视机。后来父亲真要去买了，但是竟然要到上海去买，因为那票上的电视机只能到上海提货。上海，我根本不知道是怎么样的，也不知道在哪里，我只知道上海是在很远很远的地方，上海是个很大很大的地方，去上海要坐汽车，还要坐火车。父亲去买电视机了，我自然是高兴的，但是父亲一个人去上海，我又是很担心的。我总在想，父亲能找到卖电视机的地方吗？要是走丢了怎么办？在我焦急而又担忧的等待中，父亲带回了我家第一台电视机，黑白的，14寸，是金牛牌。父亲回来了，带回了我日盼夜盼的电视机，我自然是欣喜若狂，至于父亲怎么拿回这个电视机的，我根本没去多想。后来渐渐长大，看着那个14寸电视机，我总觉得父亲是那么神，竟然靠着双手能从上海带回那么一台电视机，我打心眼里佩服父亲。上海的方言和苏州也不大一样，但是父亲能顺利买回电视机，那说明沟通是没问题的呀。可是现在的父亲，医生说话听不懂，自己也不会说普通话。我怎么能够将现在的父亲和只身一人从上海买回电视机的父亲联系到一起呢！

　　父亲75岁，年纪不算太大，但是身体却每况愈下。以前因为眼睛受伤，动过手术，现在仅有一只眼睛能看清东西；父亲的耳朵也开始有点背了，和他说话或者打电话总要提高嗓音；因为慢性支气管炎引起气胸，也动过手术，所以动不动就会觉得胸闷。六一前夕，父亲脸和脚背发肿，门诊也不能确认是什么毛病，于是被我们送到医院进行彻底检查。也许是各种检查做多了，血也抽多了，也许是到了医院也检查不出什么毛病，心里有点压力，反正住院后父亲的精神状态很差，看上去病也更重了。

　　静心陪护，看着父亲戴着呼吸机的瘦弱模样，想到父亲无法和别人交流时的无助模样，我眼眶总是热热的，真的无法接受印象中无所不能的父亲一下子变成这个样子，但是现实还是无情地提醒我，父亲真的老了，现在的父亲是需要我们照顾的时候了。

写于2018年6月23日

叙事，
让成长不期而至

婚前带队参赛

"毛校，你儿子周日结婚，周六还要带队比赛呢！更忙了！"

前几天，当说到最近因为老父亲住院、儿子结婚等事宜，我显得有些忙乱的时候，我们的马校长这样告诉我。

"不会吧，怎么这么巧呢？"

"真的，5月11日周六苏州市机器人比赛呢！"

儿子平时有语文课务，又有机器人训练任务，前些日子不但无法正常下班，五一小长假也在加班，而他5月12日结婚，他还有好多事情没准备呢！我也挺替他着急的。

"估计学校会派其他人带队比赛吧？"

"没有，他和我们学校机器人教练李卉已经说了，是李卉告诉我的，周六他还要带队参加比赛。"

原来这样！也许同是机器人训练老师的缘故，儿子和我们学校的机器人训练老师李卉互加了微信，也会有相互的请教。我也知道，我们学校的机器人训练很不错，是要参加市比赛的，只是先前不知道具体时间而已。尽管儿子没告诉我这个消息，但从李卉那里来的消息肯定是准确的。也许因为学生比赛的程序都是儿子设计的，让其他人带队他不放心吧。

前阶段区内机器人比赛，作为主要负责人的儿子一直在他们学校加班加点训练。回到家里，总看到他在研究程序，有时候愁眉不展，有时候又喜笑颜开。我也曾问起过，那么多学生要训练，他又承担着语文教学任务，学校还有其他人员一起训练吗？他告诉我，学校安排有一个计算机老师和他一起训练，但是人家刚刚休产假回来，一是接不上，二是家里孩子还小，也不能加班加点，所以绝大多数任务都是他一人在完成。儿子在说这些话的时候没有一丝对同伴的抱怨，话语中处处显示着"我不干谁干"的担当。作为母亲，我其实还是很欣慰的。现在的小年轻，都是家里最宠的一代，合作精神、体谅意识其实都是有待提高的，但是儿子却有这样的意识，那是难能可贵的。所以我在暗暗不舍的同时也充分肯定他，还不断鼓励他，年轻人多做事绝对不会吃亏的，家里的事情反正都不用你操心，单位里的事情你就多做一点吧。他没回应，我知道，不回应就是默认。事实上他真的是用上了全部时间，下班很晚回家，他说上完课他就在训练；双休加班加点，他说家长都会把孩子送到学校。有一次他曾经对着我慨叹："妈妈，时间实在不够啊！假如有时间，我准保都能得一等奖！"我还调侃他："你就吹牛吧！人家学校有那么多专业计算机老师在训练机器人，你一个兼职的又是非专业的仅靠自学的老师训练，有那么牛吗？"儿子斜眼看了我一眼："就知道你不相信！"其实不管儿子能不能得一等奖，看见他这种状态，我真的是很高兴的。

后来区机器人大赛，尽管他赛前说压力实在太大，赛后也说有几个项目没有发挥好，有点遗憾，但是最后还是凭借综合实力获得了区团体第一名的好成绩。成绩揭晓那天晚上，他们学校的教技室主任很是激动，给我来电话表示感谢，说儿子是学校机器人课程担当，儿媳妇是学校陶艺课程担当，而且上次到北京参赛都是儿子和儿媳妇带队，一周的 STEM 课程培训，儿子没空，也是儿媳妇前去参加。学校的特色是 STEM，小两口是绝对的主力担当。在感谢学校给予机会让儿子成长的同时，我也真的很为儿子高兴。

后来一个双休，他的学生又参加市比赛，他一早把孩子们送到赛场，因为是封闭比赛，他见不到孩子，于是赶回家休息，傍晚五点又赶过去接孩子。我开玩笑说，要他这样接自己的爸爸妈妈，说不定还会有怨言，现在接学生倒像接自己的孩子一样，一点怨言也没有。他朝我做了个鬼脸："有什么办法呢？"是的，没办法，这就是一种责任担当。

最近一阶段，儿子住新房，和我们不住在一起，平时的微信交流中他也没跟我说起结婚前一天还要带队比赛的事情，没想到还是这么巧，第二天要结婚，前一天还要带队参加比赛。

尽管有点担心婚事的准备，但是同为教育人的妈妈，肯定是全力支持的。

诚然，用我们的眼光看，作为独生子女又集几代人的宠爱于一身的儿子身上还有很多不足，我也曾对他有过不少担心，但是在做自己喜欢的机器人集训上，我认为儿子一直以来的表现都是出色的，这也是值得我们做父母的感到自豪的。

我也相信，年轻的儿子，经过岁月的磨砺，经过各种赛事的锻炼，各方面也会越来越出色。再过两天，儿子和儿媳妇就要举行结婚仪式了，如今写下这段话，也算是对儿子的一种祝福吧！

写于 2019 年 5 月 10 日

叙事，
让成长不期而至

忙，成了常态

今天周六，生病住院的父亲需要做一个检查。因为父亲卧床，仅靠母亲一人，根本无法带父亲下楼去做检查，于是准备从我们兄妹俩的家庭中再安排一个人员到医院和母亲一起带父亲做检查。可是，两个家庭，那么多人，竟然排不出一个人来。看似不孝，实则真的无奈。

嫂子因为一个小手术住院；哥哥因为父亲的病情已经好几天没有好好处理单位的事情，今天也走不开；侄女侄女婿正好约了产检；儿子也加班；老公也是整天加班；而我呢，上午参加政府的活动，下午听全区大党课。一大早赶到医院，说了情况，无奈，只能叫上快 70 岁的叔叔前来照顾父亲。母亲自然是理解的，但是隔壁陪床的人甚是不解，今天是周六，你们这些人怎么这么忙碌呢？

是啊！怎么这么忙碌呢？

忙碌，是我们亲身经历的，也是现在很多人的共同感受。如今的社会，没有哪个行业哪个人是可以轻轻松松不忙碌的。

周日，儿子结婚，但是周六还在带自己的学生参加机器人大赛。本周三，下午 2 点，区评课选优出课题，正好是儿子休的仅有的三天婚假中的第三天，婚假还没休完，他就赶到学校进行备课。那天我正好在他们学校开会，开完会，5 点多赶到儿子办公室，看到忙完会务的教技室朱主任以及他们学校的信息技术专职老师张康英在和儿子匆匆说课，随后儿子回家备课。不放心儿子的我回到家里处理完事情后匆匆赶到新房陪儿子备课，直到凌晨一点，儿子才将教学设计和课件完成，我本想让他好好练练，以便第二天一早去比赛时可以从容点，但是儿子说实在太累了，需要休息。是的，不但结婚之前没请一天假，双休还得加班。结婚那天那么多琐事，肯定很累，婚后虽然有婚假，但是也有不少杂事，再加上紧急备战并不熟悉的学科赛课，身为教育人的母亲，我完全可以理解他的累，于是不再多说。尽力就好，比赛成绩已经是其次了。今天，周六，儿子告诉我又要去学校加班，我知道他的学生要参加省赛，一定又是去辅导了。

对刚工作没几年的儿子来说，忙，也成了常态。

我呢，很多时候不想说忙，因为身为一个单位的负责人，总得时时做老师们的榜样,你不忙谁忙呢。但是,这些日子私事加公事,真的让我有点手忙脚乱。

儿子的婚礼定在5月12日,有很多事情要忙碌。哪知道5月2日,老父亲又一次股骨骨折,不能动弹,立马住进医院,并于5月6日手术。老母亲陪护听不懂普通话,医院大,又不敢乱走,所以父亲在16楼骨科住院那么多天,母亲从没下过楼。尽管每天下班之后我总是去医院,但是上班期间也总是提心吊胆,生怕电话响起,生怕又有急事,而我和哥哥又无法及时赶到。9号,终于出院了。尽管一直期盼参加外孙婚礼的父母无法到场有点遗憾,但是能够出院,至少让我们安心了,我们也可以安心筹备婚礼了。哪知道婚礼后一天,回到娘家,发现父亲神志不清,呼吸困难,原来这种状况已经两天了,只是因为知道我在筹备婚礼很忙碌,妈妈不许打电话告诉我。而哥哥嫂子也想等婚礼过后再将父亲送医院。13号下午紧急送到医院的时候,父亲已经病危,当我接到病危通知书的时候,心里的难受无以言表。医生说尽力医治,就看父亲能不能挺过来。还好,尽管过程很艰辛,也很心酸,但是病危期总算过去了。父亲平稳了,我到新区进行综合督导评估,两天满满当当的工作任务,晚上写督导报告又是熬夜到凌晨。督导第一天,帮着陪护的叔叔打电话告知我父亲大小便失禁,无法料理时,我心急如焚,但是又无法赶回家。昨天督导结束,尽管知道母亲眼巴巴等着我去医院,但是学校里也有非常重要的事情需要立马处理,赶回学校处理事情,6点左右赶到医院。嫂子也因为一点小问题在另一家医院医治,从父亲医院出来,又去看望了一下嫂子。晚上回到家里,想着学习强国还没做,斜靠在床上准备做学习强国,可是醒来时已是凌晨三点,原来拿着手机的我一下子就睡着了。真的太累了。今天一大早赶到医院,看望一下父亲后又赶着去开会,中午买了饭匆匆赶到医院,下午又赶到学校参加支部大会,傍晚又买了饭菜去医院。母亲年纪大了,晚上陪护很累,加上父亲心情不好,脾气也大,所以想我来陪护,但是母亲怕我累不让我陪护,于是我回了家。明天我得到医院替换母亲,在陪护的同时得完成后天接受检查的一份汇报。

对我而言,最近阶段,因为私事加公事,忙,更成了常态。

其实,身边的人也很忙。我们的分管徐镇长,上午一起开会,过了一会儿说得赶紧去挂水,因为下午2点要参会,如果不抓紧时间去挂水,下午就来不及。我知道徐镇长身体不舒服已经很多天了,但是根本无法休息,只能边工作边挂水。

忙,对政府领导来说,也成了常态。

前阶段,父亲在附一院住院,和骨科的几个医生接触。知道其中一个主任一天要做 14 台手术,从早上 8 点一直到凌晨 3 点,其他医生手术到晚上十一二点是常事。其中一个医生说,他五一假后,没再见到过儿子,因为出门时儿子还没醒来,回家时儿子早就熟睡。旁边一护士开玩笑说,儿子一定会管你叫叔叔了。

忙,对医生来说,更加是常态了。

一杯清茶,一本闲书,在阴凉的树荫下,在柔和的阳光中,惬意地徜徉,这是我一直向往的生活。但,那永远只是憧憬。确实也因为自己的忙碌而产生过不少的倦怠,但是,看着身边的很多人,都是那么忙碌,我的心态也平和了很多。家庭需要我,因为我是妈妈,我也是女儿;单位需要我,因为我是负责人。所以我真的没有理由不忙碌。

忙,成了常态,我坦然面对。

写于 2019 年 5 月 18 日

一路胖 4 斤

从呼伦贝尔回来第二天,一称体重,我重了 4 斤。天哪,我都有点不敢相信自己的眼睛了。

从去年 8 月 24 日开始,父亲骨折,随后脑出血,我医院、学校、家里三头跑,加上单位工作压力也比较大,所以一下子就瘦了 10 斤,快一年了,一直保持着。我也挺欣喜的,以前不能穿的衣服能够穿了,以前紧巴巴的衣服现在也宽松了,更重要的是,一直喜欢穿旗袍的我,感觉瘦了以后穿出来效果更好,衣柜里 10 多款旗袍也有更大的用武之地了。但是眼前的数字是铁定的,4 斤啊! 8 月 3 日晚上 10 点左右到达海拉尔,8 月 8 日晚上 11 点从海拉尔回家,5 天时间重 4 斤,真的创下纪录了。

此次草原之行,吃,很艰苦。也许一直处在中俄边境线上,进口土豆比较容易,所以我们吃得最多的是土豆。到草原,牛肉羊肉应该很多,但我们吃的是团餐,不可能给你吃很多,当然,我一向不吃羊肉,即使有,也是观望更多。

　　此次草原之行,气候很恶劣。8月4日,第一天的行程,很热,我们都有中暑的感觉。可是第二天,风云突变,狂风大作,风沙漫天,雨也紧随而至,最要命的是气温急剧下降,把行李中所有能御寒的衣服全部穿上,也冷得瑟瑟发抖。因为冷,到景点的时候,我们甚至不太想下车了。盛夏时节,碰上这样的冷天气,也真的是人生中的一件永难忘怀的事情了。

　　此次草原之行,住宿,很简陋。我们一共住五晚,尽管订的都是星级宾馆,但比我们这边的连锁酒店还要差很多。住蒙古包的那一晚,床上不时有虫子出现,一晚上都不敢睡着。还有一晚竟然停电停水。

　　吃、气候、住宿都不尽如人意,我怎么会长那么多肉呢?唯一的解释就是心情好、压力小。因为我们的团队是一个快乐的12"仙女"团队。

　　团餐吃不好,不急,每个人都带了很多的零食。在团队里,所有零食都是"公有制";肚子饿了有点心,无聊了有瓜子,口渴了有酸奶,更让人难忘的是"陈仙女"带了一大罐萝卜干,只要一打开罐子,满车的萝卜干味道,放一块在嘴里嚼嚼,不停说好吃。餐厅里,饭菜不合口味了,嚼嚼萝卜干,咸中带甜,胃口也就被吊了起来。

　　购物是女人最大的乐趣。套娃——正宗俄罗斯特色,到中俄边境,自然是少不了,买回家既可装饰,又可作为孩子们的玩具,于是讨价还价中,美美的套娃入手了几套。紫金是呼伦贝尔所特有的,精致的手镯,漂亮的耳环,还有纤巧的脚链,一戴上就更加风姿绰约了,于是在犹豫中一一入手。后来在机场看到价位,又提升了太多的自豪感,因为差不多的东西,机场的价格是"仙女"们购买的价格的很多倍,买到就是美到,更是赚到,大家怎么能不欢天喜地呢!更让人难以忘怀的是,几位"仙女"在购买紫金饰品,一向对这些不感兴趣的我感觉店里实在太热,于是和张校到外面吹风。"仙女"们乐此不疲地挑选试戴、讨价还价,百无聊赖的我们走进了就在隔壁的一家皮草店。原本完全是瞎逛瞎看,没想到看中了一款短装皮衣,那么热的天气买皮衣,也只有我了。但是碰到自己喜欢的,果断出手,没几分钟就搞定了。回到紫金店,她们还在挑选,但是看到我的皮衣,她们也来了兴趣。这边购买完毕,齐刷刷再次杀入皮草店,结果每人购进一件。谁也没有想到,第二天气温突降,这几件皮衣起到了不可估量的作用,毫不夸张地说,没有皮衣,那么冷的天气,我们真可能被冻病了。随后的几天,我们带的美美的衣服都派不上用场,那几件皮衣随时随地"保护"着我们。

无心插柳,却成了整个行程中不得不说的永难忘记的趣事。以至于在寒风凛冽的白桦林,穿上皮衣的我们几个,非要扯着自己的皮衣来个夸张的特写照,那神情、那架势把我们自己都逗得前俯后仰、直不起腰。

女人爱臭美,从拍照中完全可见。一顶帽子、一副墨镜、一条围巾,10来个人可以轮流用,拍出别样的风采;一棵白桦树,10来个人围绕着变化姿势,可以拍出不一样的风姿。我们冷得瑟瑟发抖,但是我们的"金仙女"还能一露香肩,那种妖娆,让同性的我们都只呼劲道。年轻真好! 一人拍照,多人服务,这个递墨镜,那个传帽子,还要来个造型示范,而趴在地上拍照的那个"仙女"不停地叫唤:收腹! 挺胸! ……壮丽的大草原、多彩的格桑花、全身是宝的白桦树都成了我们拍照的背景。哪里有我们,哪里就有我们的欢声笑语。这样的旅游,心情怎么会不好呢?

导游说,出门旅游就要忘记身份,忘记年龄,忘记工作。是的,这一路,我们全情释放。爱唱歌的纵情高歌,《呼伦贝尔》《山楂树》《我和我的祖国》《敖包相会》……好听的歌声传在车上,留在俄罗斯族的家庭中;善跳舞的尽情舞蹈,范科迷人的舞姿、小仙女劲爆的舞步都成了我们团队独特的风景。没有扭捏,个个那么主动,人人那么大方,欢呼声、鼓掌声伴着歌声、伴着舞蹈留在了呼伦贝尔的大草原上。

七夕那晚,我们自娱自乐。到哪儿都能自来熟的"金仙女"竟然问理发店要到了6朵玫瑰花。走在额尔古纳大街上的我们喜滋滋地拿着玫瑰,那架势,真的像是收到了情人节的礼物。来到饭店,我们想着法儿逗乐,用玫瑰摆了漂亮的造型,拍了美美的照片。当我把所拍的美照传到家乡正在庆祝七夕的九姐妹群中后,她们随即学着我们的样儿也用她们手头的花儿摆出了一模一样的造型。七夕,我们在呼伦贝尔的快乐不但弥漫在12"仙女"中间,也通过网络传递到了远在千里之外的苏州。导游说:"哇,那么厉害,在呼伦贝尔都能收到花啊!""是的,空中速递,我们就那么厉害!"随即就是无拘无束的笑声。6朵玫瑰,带来了无限的美丽,我们怎么能不快乐呢?

整个行程中快乐的事情不计其数。小小的上当受骗,也被幽默的张校演绎成了一件引人发笑、逗人快乐的事情。那几个掼蛋迷,车上掼蛋、房间掼蛋、机场掼蛋,那夜竟然到了凌晨两点多,这也成了此行中难忘的经历。团队中发烧、腹泻的"仙女",你给治病药,我给温暖衣,我们的导游还给送来了亲自煮的面,临别时,导游对着我们的"珊珊仙女"说:"别忘了草原上为你煮面的男人。"

是啊，一路欢笑，一路温馨，我们始终是欢快的。在这样的快乐行程中，看什么风景真的已经不是最重要的了。在这样的快乐行程中，什么工作的压力都暂时忘却了。也许这就是所谓的"心宽体胖"吧。一群快乐的人在一起，制造了无限的乐趣，没有什么比这更有意义的了，那胖就胖吧，我欣然接受。

写于 2019 年 8 月 13 日

传承爱的一碗面

"可以起床了！"

大年初一早上 7 点不到，老公在叫我。

"还早呢！再睡一会儿！"

喜欢睡懒觉的我嘟囔着回了一句。我这人，晚上再怎么晚睡也没关系，但是早上能多睡一会儿是一会儿。平时上班闹钟设置 5 点 40 分，我总要再在被窝里赖一会儿，哪怕 5 分钟、10 分钟也好。一到休息，又没外出任务的话，我可以睡个半天。即使生物钟 5 点多把我叫醒，但是我马上能再睡着，回笼觉的滋味真的很好。今天是大年初一，我值班，但不用那么早。所以我能多睡会儿就多睡会儿。

"面快煮好了，吃了赶紧去单位。你不是说 8 点要慰问吗？"

睡意全消，对啊，我还约了总务主任和两位副校长 8 点集合呢！因为我得在值班之前把慰问几个门卫的事情完成。

一骨碌起床，洗漱完毕，餐桌上一碗面已经摆上，上面摆着两个荷包蛋、几根青菜，一清二白，很是好看。

"谢谢老公！"

我们这个家，平时的家务活都是公公婆婆包承掉的，我和老公很少做活。可是今天，大年初一，很少做事的老公一大早就起来煮面，这是有原因的。

从我出嫁起，先是我们俩，后来有了儿子，只要谁的虚岁年龄逢三、六、九，母亲总会在年前特意准备方便面、火腿肠,然后一本正经地冒着寒冷送到我家,并再三叮嘱:大年初一早上一定要煮着吃。至于为什么逢三六九大年初一要吃面,我也从来没问,当然即使我问,估计母亲也说不出什么来,相信她也是随大流,或者是姥姥传下来的。一开始的时候,我嘴上不说,但心里一直笑话母亲:大过年的,谁吃方便面啊!慢慢地,也形成习惯了,我也理解母亲的美好祝愿了。母亲雷打不动送面,我们乐呵呵接受。至于吃不吃,一直很随意。事后母亲总会问:"初一面吃了吗?"我总是非常认真地回答:"吃了,吃了,放心吧!"听到这话,母亲总是很高兴,似乎因为吃了她的面,我们新一年一定是健健康康、万事如意了。

前些日子,父亲感冒发烧,我们带他去医院就诊,因为年老体弱,又因为动过两次股骨手术,行走不便,医生建议住院治疗。于是老父亲就在医院住了10天,老母亲全程陪同。年二十八,父亲出院了,但是不在家的10天留下了不少杂事,母亲需要处理,加上要照顾父亲,更重要的是母亲也已经75岁了,她忘了我今年虚岁逢九,又是本命年,因而并没有给我准备方便面和火腿肠。和老公闲聊说起,感叹的是母亲年龄越来越大了,不能总让她照顾我们。尽管吃面到底有什么说法,我们至今仍旧不知道,但是习惯了,一旦没有,反而有点失落,于是我们自己准备了方便面,也就有了今天一大早老公起来煮面叫我起床的事情。老公知道我不喜欢吃火腿肠,所以放上了荷包蛋和青菜。

吃着老公煮的面,想着母亲那么多年的坚持,我也似乎预见到了本命年万事大吉,心头暖暖的。

值班时间是8点半开始,赶在值班之前要到小学、幼儿园慰问门卫和治安辅助人员,于是带着美好的祝愿和温暖开始慰问。

正忙碌着,母亲电话打来了,一接通,她像犯了什么大错似的直检讨:"我怎么就把给你买面的事情忘了呢?真是老了!"又问我人在哪儿,我想如果说我还在家睡懒觉,还没吃早饭的话,她一定会买了赶紧送来。我告诉她:面我已经吃了,我已经在上班慰问了。母亲一听,如释重负地说:"好,好,好,你们自己记得就好!"

这就是母亲,永远牵挂孩子的母亲。年轻时还不理解母亲,甚至觉得母亲的做法有点不合时宜,但是随着岁月的变迁,随着年龄的增长,我们也开始学着母亲那样做那些看似迂腐的事情。因为那不仅仅是一碗面,更是母亲的爱,我们在回味,我们在传承……

写于2020年1月25日

改变印象并不难

3天前,母亲出了个小车祸,送到医院治疗。所幸是小手术,没有住院,当晚就回家了,只是得吊臂3个星期。说好今天要复诊,所以提前预约了李雪峰医生的门诊。

下午1点半的号,但是等到两点我们那个诊疗室还是没有动静,前去询问,说李医生刚下手术台,才来到诊疗室。理解医生的忙碌,我没有多说话,只是静静等候。其余患者也纷纷前去询问,有些也有怨言,诊疗台护士也都只是好言解释。

终于轮到我们就诊了。那天手术的时候,也没能看清给母亲做手术的医生的样子。今天虽然还是戴着口罩,但是大体还是能看清楚了,他人不高,说话很和善,让人有一种亲近感。李医生的白大褂上还别着一枚党徽,也许是因为我们都是党教育下的体制内的人,更添了一份信赖感。

因为当时手术紧急,加上手也不能动,无法穿脱衣服,所以母亲吊臂的时候没有换衣服。今天,母亲还是穿着车祸时的衣服,知道今天要重新吊臂,所以我们准备了开襟的容易穿脱的衣服,准备在医生重新吊臂的时候换。但是诊疗室就那么大,外面又有不少人等候着,换衣服一定会有不少麻烦。当我把自己的疑难告诉李医生后,他叫我们别急,等他把原先的吊带剪断后把我们领到了对面一间诊疗室,随后反复叮嘱穿衣脱衣的时候要小心,别着急,出门的时候他还细心地帮我们关上了门。医生的时间是宝贵的,而且因为下手术台晚了,李医生又耽搁了一些时间,我帮母亲换衣服又不能快,所以内心很是过意不去。

等我们把衣服换好,回到诊疗室的时候,李医生又细致地询问,母亲说哪儿哪儿疼的时候,尽管不是手术部位,他都一一查看,真的很有耐心。说实话,尽管知道现在的医患关系紧张不全是医生的错,但是经历了很多事情后,我对医生从骨子里就是亲切不起来,总觉得他们是高高在上的,所以每次陪父母就诊,总是小心翼翼的,生怕自己的言行不当惹医生不高兴。今天李医生如此热情,一点也没有我根深蒂固认为的医生的清高,我还是很感动的。

李医生说要拍个片子看看,因为母亲反复说腰椎、手臂疼,所以李医生征求我们意见,问我们要不要做个磁共振。我们当然同意,但是我知道,大医院做磁共振都是需要预约的,今天母亲是来吊臂的,如果今天做不到磁共振,吊臂做好了,不知道做磁共振会不会有影响。还有即使下次预约到了,但是李医生一周只出一个下午门诊,我到哪里去找他。所以我小心地问了一句:"今天能做到磁共振吗?"李医生不是很确定地说:"应该可以吧!"于是我付完钱后去磁共振那里排队,结果还是如我所料的,必须预约,要下星期。我说了具体的困难,但是预约的医生说实在没办法,他只能按照规定执行。不能为难他,于是我又回到了李医生那里。把情况说了一下后,李医生说等他看完手头的病人,他帮我再去问问。又是一次感动,在李医生的斡旋下,做磁共振的医生答应今天最后一个帮我们做,我悬着的心一下子就放下了,于是陪着母亲在那里等待。

虽说在那里等候的人并不多,但是每个病人做磁共振的时间都好长好长,而且前面几个都是做两个部位的,大约要四五十分钟。时间快到4点了,而在我们前面的一个人还没做到。我着急了,骨科门诊大厅里几乎没有等候的人了,有的诊室医生已经离开了,眼看着门诊医生下班的时间快到了,我真的很着急。李医生为了我们,特意找磁共振医生商量,可是等到我们做到磁共振,不知要到什么时候,难道让李医生等我们?我觉得很过意不去。所以我又找到了李医生,告知他做磁共振还有很长时间,我怕耽搁他下班的时间,要不今天先吊臂,磁共振我们下次再做。李医生一边为最后一个病人诊疗,一边让我继续去磁共振那里等待,他说自己四点半下班。我知道四点半我们是绝对不可能做好磁共振的,但是李医生这么说,我只能带着感激回到磁共振那里。时间在我们的焦急等待中一分一秒地过去,四点半早就过去,诊疗大厅的工作人员也陆续下班了,而我们还在等待。我都不好意思再去李医生那里了,但是心中的愧疚真的很深,除了对李医生,还有做磁共振的医生,她也得加班,我也挺过意不去的。好不容易等到我们了,已经快五点半了,李医生索性来到了磁共振的监测室,和磁共振的医生一起边做边看。将近6点,终于做完磁共振。李医生迅速回到诊疗室开了药,他拿着药单还抱歉地对我说:"现在门诊大厅已经没办法取药了,你明天还得来一次。"我赶紧说没关系。人家医生为了我们都耐心等待,义务加班,我们除了感激,还能说什么。为了节省时间,李医生回诊疗室拿了绷带直接在磁共振监测室帮我母亲做了吊臂。

此时已经是6点出头了,除了李医生、做磁共振的医生以及我和母亲,再没有任何一个人了,心中的抱歉和感激真的无以言表。而我为了感激,在医院小超市买的一些饮料之类的小东西想给他们的时候,他们也坚决不收。临走时,李医生又主动加了我微信,说有什么情况可以直接找他。

说真话,作为患者,最近几年带着父母到大医院看病的次数很多,还是有着不少的怨言。父亲两次股骨骨折,动弹不得,急需床位,但是总是没有床位。80来岁的老人,真的拖不起啊!这几年因为父母,和医院打交道不少,有时候真的很恼火,但是又不能发泄。生病都是不得已,又不是享受,这种时候在某些事情上利益当头,真的让人难以接受。我知道这些问题不是医生个人所为,不能怪医生,但是作为患者,直接面对的就是医生,所以怨气肯定是针对医生的。平时小毛小病,我是不愿到大医院的,因为我觉得医院越大,各种让人不理解的东西越多,而且大医院医生给人的感觉也总是很冷漠的。

基于此,我对大医院的医生真的没有特别的好感。但是今天,却让我有了别样的感受。从中午就接了母亲到医院,到6点多才结束,时间真的不算短了,等待得也很焦急,但是我的心情却出奇舒畅,暖流一直在心中涌动,因为今天我碰到了李医生、不知名的磁共振医生。他们是对病人尽责的好医生。出门的时候路过急诊室,看到那些忙忙碌碌的医务工作者,好感油然而生,我似乎看到天使的光环都在他们每个人身上闪耀。

改变一个人对一个群体的印象并不难,你看,就因为李医生,就因为他对我母亲尽心尽责诊疗之事,我对医生这一个群体改变了印象。人心都是一样的,做好自己,尽力多为别人想一点,人与人之间关系会更和谐,温暖也会更多一些。

写于2020年3月21日

叙事，
让成长不期而至

立夏习俗温暖童年

　　如今，各种各样的节日真的很多，传统的有，新兴的也有。每到节日，商家因利润需求有五花八门的促销，媒体因文化需求有形式多样的宣传，所以人们对节日的感知还是很深的。但在我小时候，经济不富裕，媒体不发达，所以能真正让大家记住的节日不多，尤其是能让小孩子记住的节日，更是少之又少。细数能留在儿时的我的脑海中的节日无外乎是除夕、中秋、立夏。除夕可以有新衣服穿，还可以吃年夜饭，更重要的是多多少少能拿到一些压岁钱。中秋节是因为能吃到平时根本不可能拥有的月饼。至于立夏，留在我脑海中久久无法忘怀是因为挂蛋、称人、挂大饼这三个习俗。

　　每到立夏，每个孩子颈脖子上都会挂上一个丝线编成的袋子，袋子里放着一个蛋，有的是鸡蛋，有的鸭蛋。鸡蛋一般还会染成红色，也许是染料的蹩脚，或者说染的时间短，反正如果是染过红颜色的鸡蛋，放到袋子里后，颜色不是粘在袋子上，就是拿出来把玩的时候弄得满手都是，甚至衣服上、脸上也都是，所以后来放到袋子里的鸡蛋似乎很少染红了。而鸭蛋一般都是咸鸭蛋，也很少有染红的。立夏当天，一大早，脖子上挂着蛋的小伙伴们就会喜滋滋地聚到一起，你看看、我摸摸，谁都认为自己脖子里挂着的是人世间最美好的东西。很多时候，女孩子们在一起，往往比的是挂蛋袋子的好看与否。要是谁的袋子是彩色丝线编制而成，袋子下方还留着蓬松松的须的话，一定会惹来羡慕的眼光，有的甚至还会凑到同伴的颈脖子底下，轻轻地拿起袋子美美地欣赏，一边看一边还会不住地说："真好看，明年我也要让妈妈给我编一个。"有的伙伴回到家里，还真会去缠着妈妈，甚至任性地要求立马换袋子。而男孩子呢，袋子的好看与否似乎与他们没什么大的关系，他们在意的是谁袋子中的蛋最大。放在袋子里无法分辨出大小，那就拿出来比。放在手里比不出大小，那就放在平地上比，一溜蛋摆在地上，人也趴在地上，也许为了聚光，一只眼睛闭上，一只眼睛斜眯着看过去，似乎这样才能看得更清楚，比得更准确。你说你的蛋大，我说我的蛋大，争得不亦乐乎，而那个最后被公认拥有最大蛋的伙伴，高兴得简直想飞起来。男孩子们有时候还会玩斗蛋的游戏，不过大家也不懂怎么斗，于是你碰我的，我碰你的，最后总有被碰碎的。蛋碎了的伙伴自然不高兴，承受能力差一点的还会大哭。一般情况下,挂在脖子上的蛋是舍不得吃的,记得我读一二年级的时候脖子里也还挂蛋,有时候上课也忍不住摸摸碰碰,甚至规划着什么时候吃这个蛋,这个时候往往会分神。印象最深的是因为,我冷不丁被老师叫起来回答问题,根本没听课,怎么回答得出呢,为此还挨到了老师的批评。儿时,根本不知道立夏为什么要挂蛋,只知道那是让人特别向往、特别高兴的事情。

相较于挂蛋,称人留给我的那就是一段趣事了。小时候,有一次和大人在一起的时候,有人问我多重。从没称过重量的我自然不知道,问妈妈,妈妈说:"立夏的时候称一下吧!"至于为什么要立夏的时候称,我并不关心。但是那次我却记住了旁边一个人说的话,而且一直信以为真。当时旁边的一个人对着我说:"那是要用秤钩子吊住鼻孔才能称的哦!"那时候没有电子秤,人能够站上去并用秤砣称出重量的磅秤也很少,我们见得最多的是那种有钩子有秤砣的杆秤。家里养了大半年的猪要出售,捆绑好用杆秤吊起来称出重量;田里收获了稻子、麦子,也是吊起来用这种杆秤称出重量。现在要把人称出重量,自然也是吊起来称,怎么吊,用钩子吊住鼻子似乎也是有道理的。小孩子不懂那是玩笑话,只知道称人是件很可怕的事情。从此以后,每到立夏,要称人的时候,我总会逃得远远的。即使后来看到是把孩子放到筐里后吊起来称的,但是钩子吊住鼻孔这个说法实在是根深蒂固,我还是不敢称。反正在我的记忆中,小时候是从没有称过体重的,因为我怕被钩子吊起来。

称人是趣事,在房梁上挂大饼也是我脑海中挥之不去的趣事。立夏前后,父母会买回大饼,但不是给我吃的,而是挂到了房梁上。要知道那时候是很少能吃到大饼的,好不容易买回来了,却不让我吃。于是我不解地问这是为什么。父母告诉我,挂了大饼就不会疰夏。儿时的我哪会在意疰夏不疰夏的,我在意的是我什么时候能够吃到那大饼。每每看到房梁上的大饼,我那个馋啊,常常幻想着什么时候挂大饼的线突然断了,掉下来,那我正好可以捡来吃。但是这样的事情从来没发生过。有时候,也会拿起棒子,踮起脚,想去触碰一下,无奈棒短人小,房梁又高,我只能看着流口水。时间一天天过去,房梁上的大饼越来越小,越来越黑,我的馋劲也渐渐变小,最后那大饼什么时候没的,也从没注意过。而第二年,这样的故事又会再来一次。

立夏,一个并不会引起人特别重视的节气,但是因为挂蛋、称人、拄大饼这样的习俗,给儿时的我留下了太多太多温暖的记忆。时光流逝,纯真美好的童年已经一去不复返,但是40多年前的那些往事竟然还是那么清晰,依然那么温暖。

写于2020年5月1日

叙事，
让成长不期而至

拥有健康真好

要是我有时间，我一定要阅读自己以前想看但又没有看完的书、写自己想写但来不及写完的文字，欣赏自己想看但很少涉猎的电视连续剧，我还要美美地睡懒觉，谁都不用顾及，什么事情也不用考虑……无数次，我曾经这样幻想过。但是我知道，这也就是幻想而已，我无法实现。

然而，小长假前，我竟然真的拥有了自己以前没敢想象的时间，我也可以暂时抛开所有的一切，看书、写文、看电视、睡懒觉的时间我全部拥有了。但是，拥有了时间，我却什么都做不了，我唯一可以做的就是几乎 24 小时都睡觉。

因为在单位一个台阶上，我磕了一下，髌骨骨折，我无法动弹，只能躺着。曾经那么渴望美美地睡懒觉，但是真的轮到了，对于能吃能喝、一切正常但脚不能动的我来说，要躺 24 小时是多么痛苦的事情。

住院期间，护士定时送止痛药过来，所以除了石膏绑上之前的疼痛之外，伤口倒没怎么感受到疼痛。但是住院的第一个晚上，我怎么也睡不着，以至于第二天护士一早就问我："昨天晚上你怎么啦？伤口痛吗？我两个小时进来一次，都看见你醒着呢！"我如实相告："伤口倒没怎么痛到，但是腰痛得受不了。"我希望能找到让腰不痛的办法。护士说医院的床和家里的床不一样，加上我的脚固定着无法动弹，也不能侧睡，所以这是很正常的，也没什么好办法。过几天脚能稍微动一下，实在痛就侧睡一会儿，会好很多。护士都没什么办法，看来只能忍受着。尽管随后的日子里，不知是习惯了还是我偶尔可以侧睡一下了，我的腰痛确实有所改善，但是住院 9 天，这仍旧是我最感痛苦的。白天躺着感觉痛可以稍微把床摇起点，舒缓一下，或者腰下垫个枕头，也可以稍微缓解，晚上先生睡着了，我也不忍心叫醒他，我自己又做不了这些，所以只能忍着。

第一天睡得多了，第二天想坐起来看看书，可是没看多少内容，脚受不了了。因为平时躺着，脚都得高高翘起，医生说脚心最好高过心脏的位置。但是我坐起来后脚就得放下去，这样时间稍长，就会麻。一开始的时候让先生拿了很多书过来，觉得自己有那么多时间，一定能看很多书，可是后来那么多书一直躺在我的病床上，每次偶尔看一页都觉得很痛苦，之后索性就不看了。书都看不成，电脑打字、手写文字、看电视自然也不成。没想到有大把时间了，反倒看不成书、写不成字、看不了电视了。

每天躺着，我与外界的接触就是窗口那一方世界。晴空万里，偶尔飘过的几朵白云让人觉得特别舒畅，难能可贵的是有两次我竟然清晰地看见即将降落在离我们这边不远的江南机场的民航飞机。如果天色阴沉，天空就是灰蒙蒙的一片，什么都看不到，感觉时间更加难挨。国庆中秋那天，住院几天的我实在想走出病房看看，先生借了轮椅，把我推到了楼下停车场，虽然天还没黑，没有看到高悬的明月，但是凉爽的秋风伴着草木的清香，让我感受到了病房外面的美好。

我们都知道，健康是最重要的，但是之前的我是没有真切感受的。因为尽管已近50岁，但是老天眷顾，我身体一直很好，除了生孩子，从没有过住院的经历。这次的小意外，却让我真真切切地感受到了健康是最重要的，我只是磕了一下，脚不能动了，结果看书、写字、看电视都无法进行，连呼吸室外的新鲜空气都成了奢侈。

此时还在家静养，拿着手机艰难打字的我最由衷想说的就是：拥有健康真好，拥有健康真的是最大的财富！

写于2020年10月10日

一次治愈失落的对话

周五,去理发店吹头发,洗头小哥一边帮我洗发,一边和我闲聊。

"姐,你是村里工作的吗?"

我一惊!都说老师是自带"记号"的,无论走到哪里,一眼就能被人猜出职业,我也被陌生人多次猜中过。洗头小哥猜我是"村里"工作的,难道骨折几个月,连我身上教师的职业特征都改变了?

我忍不住好奇地问:"为什么说我是村里工作的?"

"你刚才和5号师傅说,开会回来顺便来洗个头,以前也听你这么说过。你经常要开会,所以我觉得你是村里工作的。"洗头小哥很认真地回答。

哦,原来是这样。平时我都是双休去洗发,好几次局里开会,4点左右结束,再赶回学校也已经是下班时间了,于是我往往会去洗发。每次去,固定帮我吹发的5号师傅总是会问"怎么今天有空来?"因为5号师傅知道我平时都要天黑后才下班。于是,我总是告诉她:"开会结束早,顺便来。"原来洗头小哥认为只有村里的人才会要开会。他哪知道,现在各行各业都有开不完的会。

"我不是村里工作的。"

"那你在哪儿工作?"这小哥看上去也就20岁不到,比我儿子小多了。小小年纪就远离父母出门打工,也挺不容易的。他这么有聊天的兴致,那就和他聊聊呗。

"我是小学工作的。"

"老师啊!"洗头小哥的分贝明显提高了一些。

"是啊!"

"唉——"

小哥突然一声叹气,吓了我一跳。

"怎么啦?老师惹你不高兴了?"洗头小哥的情绪变化反而引起了我的好奇。

"我的小学老师啊——不说了,都过去了。"从小哥欲言又止的语气中,我可以断定他的小学老师一定没能给他留下好印象。

"那你教什么的?"小哥很会转移话题,又把问题抛给了我。

"我教语文的。"

"那你是班主任吧?你们班有多少学生?遇到调皮学生你怎么办?"小哥确实还是孩子,很单纯,自己不想说,倒是问了我一连串问题。

"唉——我不是班主任,也不带整班语文,只是每周上两三节语文课而已。"

"那不是很好吗?这么轻松,你怎么反而叹气呢?"

在其他人看来,当老师只教那么几节课,确实是好事。但是,对我而言,一直是心中的一个结。师范学校毕业以来一直教语文,我确实也是喜欢教语文的,自认为还教得不错。学生喜欢我的课,课堂上总能感觉到他们高昂的学习兴致。课后我们共读童书,我读得慢,学生还会催促我。学生遇到了好书,还会借给我看。我们还一起写读后感,然后我读给他们听,他们也读给我听。我带的学生,在全国各级各类报刊上都发表过习作。在校内外各类比赛中,我的学生总能获奖。身为语文老师的我,总觉得有满满的成就感。走上校长岗位后,事务性工作太多,很多时候身不由己,如果再带班是对学生的不负责任,但我坚持上语文课。然而各种会议,各类检查等总是打乱我上课的计划。我明显感觉我上课能力在退化,最大的失落是,不带班上课少,和学生的关系变得很生疏,甚至一学期下来,还叫不出学生的名字。我总感觉我是个没有学生的老师。当别人问我教什么年级什么学科的时候,我就总感觉失落。洗头小哥的问话又一次引发了我的失落,叹气也是情理之中的。

见我不回答,洗头小哥紧追不放:"你怎么会上那么少的课?到我们这儿来的老师都要上10多节课呢?"看来这小哥平时就喜欢和别人聊天,连老师上多少课都了解得清清楚楚。

"我还有其他兼任工作呢!"

"哦!你是校长!所以你要开会!"多有趣的小哥,又和开会联系起来了。

我轻轻一笑。小哥见我没回答,就确认了他的猜测。我以为话题就此结束了,哪知道他突然很兴奋地告诉我:

"我整个小学,唯一记得的就是校长!"

说到天天和他接触的老师,他一声叹息,没想到很少接触的校长却让他记得,而且从口气中听出他对校长还是挺有感情的。

"为什么呀?"我倒是感兴趣了。

叙事，
让成长不期而至

"因为只有校长是最公平的，不会看不起任何一个人！"

看来有故事！但我也不便多问，没想到洗头小哥却主动说下去了：

"小时候我父母离婚了，我很调皮，成绩也不好，所有老师都看不起我！每次都是批评批评再批评，可我再怎么被批评，也没变成老师喜欢的样子，反而越来越不好。有一次我犯了错，被老师拉到校长室，校长没有劈头盖脸批评我，而是心平气和地和我聊天，分析我的错误，让我下次改正。虽然我仍旧没改变成好学生，但是我对校长就是服气，因为他没有看不起我，而是公平地对待每一个学生。"

洗头小哥似乎有点激动，但是条理清楚，还时不时蹦出几个成语，口才还真是不错。

看来在小哥认为，小学老师因为他父母离婚，因为他调皮，因为他成绩不好，每次都是批评他，所以他觉得是看不起他。这也是他不愿意说起小学老师的原因。而校长，仅仅因为愿意和他聊天，愿意和他分析错误，他觉得没有看不起他，所以他就特别服气，从而成为他小学里唯一记得的人。

"校长也没特别做什么啊！看来要让你记住很容易啊！"

"对，我喜欢校长，我服气校长，因为他公平！"小哥还是重复着前面的观点。

也许是老师当久了，总是好为人师，我还是想为老师们说几句话。

"你的小学老师在你身上应该也花了不少心思的，他们也不一定是不公平，你是不是对他们有偏见啊？"

"谁说的？是他们对我有偏见！同样是做错作业，我错了就会被老师批评，好学生错了，老师从不批评。同样是上课乱讲话，老师对好学生就是提醒，对我就让我站起来！我就觉得不公平。"

洗头小哥说的话让我有点汗颜！他说的现象确实存在，但大多数老师也没特别当回事，也不会想到学生这么在意这一点。我有点尴尬地说："看来公平对你很重要啊！"

"当然！我最喜欢那位公平的校长了！所以到现在还记得。你也一定是一位公平的校长吧？"小哥又把话题转向了我。

"嗯，我力求做一位公平的校长！"

"好了，校长，可以到外面吹发了！"小哥最初叫我"姐"，一下子就改叫"校长"了，真是一位灵活的小哥。

也许是觉得改称呼有点突然，他又补充了一句："知道你是校长，我就特别怀念我小学的校长,叫你校长也觉得特别亲切!"

校长就那么一次公平地对待洗头小哥,就让他念念不忘,看来和学生相处并不一定在于时间的多少,而在于是否用心对待他们。

我愉快地回应:"谢谢你!特别看重公平的小帅哥!"

不管洗头小哥有没有理解我"谢谢"的多重意思,反正我的失落却真真实实地被治愈了不少。

写于 2021 年 1 月 23 日

好一个"以前的味道"

"今天我上街买了两个大萝卜,还有猪板油。"晚饭后到妈妈家坐坐,妈妈特地告诉我。

"猪板油熬的油太肥了,你和爸那么大年纪了,最好吃清淡一点,用菜籽油或者色拉油吧!"爸妈都是近 80 岁的人了,我总是不太放心他们过去的生活习惯。

"熬油不是最主要的,我要用来做团子的!萝卜丝馅的,不是你们最喜欢的吗?买回来后我已经把馅料全部准备好了!就等着廿四夜做团子了。"为我们做喜欢吃的,妈妈总是很有成就感。

"哦,马上廿四夜了!又可以吃到萝卜丝馅的廿四夜团子了!"我的食欲一下子被提了起来,说话的语气也兴奋了起来。

廿四夜,并不是只指腊月二十四的晚上,就像大年夜指的是一年的最后一天一样,从我懂事起,我就知道廿四夜就是指腊月二十四整天。对于北方人,也许根本不知道这个节日;对于城里人,也许也不重视这个节日。但是对于生我养我的这个小乡村中的村民来说,廿四夜是他们过年前特别重视的节日。掸烟尘、做团子、谢灶等过年习俗深深地烙在我的脑海中,每每想起,那种甜甜的乡情,那种浓浓的年味总是从心底里油然升腾。

如今居住环境好了,平时也一直在打扫卫生,所以掸烟尘的习俗慢慢没有了;谢灶这个习俗,年轻人也大多不会了,只有妈妈一辈的农村老龄人还是会虔诚地去做。不过廿四夜吃团子,最近几年倒真的越来越被人重视。自己家有人会做的,那就自己动手,年的味道在做团子的忙碌中越来越浓;自己家没人会做的,到街上买几个,纯手工的,吃上几口,依然能感受到浓浓的年味。

还没见到妈妈做团子,但妈妈的话一下子就把做廿四夜团子的情景一幕幕推到我的眼前。

廿四夜团子是用糯米粉做的。现在城里用来做团子的都是水磨粉,也就是先把米用水浸泡之后磨成的粉,水磨粉口感细腻润滑,用来做小汤圆合适。但我妈妈做团子不喜欢用水磨粉,因为用水磨粉做出来的团子蒸煮之后,总是感觉烂兮兮的,立不起来。妈妈做团子,就是用普通的晚稻米,干碾磨成粉。虽然米粉比水磨粉稍粗粝,但做带馅的团子,却是最好的,而且吃起来口感特好。

做团子前几天就要准备馅料,所以没到廿四夜,妈妈就准备好了。因萝卜丝馅是我们的最爱,所以妈妈最拿手的就是萝卜丝馅团子。

做馅先要用专门擦萝卜丝的擦子将萝卜擦成丝。小时候的我不会做其他的,于是抢着擦萝卜丝,但是也总是擦不好,不是擦得不均匀,就是把萝卜丝都擦到盆外。每当这时候,妈妈总是嗔怪着说:"你呀,帮倒忙,一边去,等着吃团子吧!"我总是吐吐舌头,知趣地闪到一边,看着妈妈收拾残局。萝卜擦成丝后,再用纱布把萝卜丝的水分挤掉。挤得越干,馅的味道越纯正。挤完后的萝卜丝,放在一个盆里,稍微加点盐,简单腌一下,备用。好几次,我忍不住,偷偷抓几根萝卜丝尝尝,干干的,糙糙的,一点也不好吃,与我吃到的萝卜丝馅团子相差十万八千里。妈妈看见了也不责怪,只是笑着说:"小馋猫,还要加油渣呢!"

妈妈把买来的猪板油拿出来,撕去外面的油皮,洗净晾干后放到锅里熬。还真神奇,刚才还是白白的一块块猪油,一遇热就不停发出滋滋啪啪的声音,随后闪亮闪亮的油就不停冒出来,越来越多,好香啊!看到熬得差不多了,妈妈就将油渣捞出来。一直待在旁边的我总是忍不住,拿一块放在嘴里,尽管被烫得龇牙咧嘴,尽管还没放作料,但是一咬下去,脆脆的,随后还有一股酥酥的油流进嘴巴,满嘴是油,满嘴生香,太好吃了。当我还想再吃的时候,总是被妈妈轻轻打手,"你呀,都被你吃了,怎么做萝卜丝馅团子啊!"想到更加美味的萝卜丝馅团子，我也就乖乖地忍住了。全部熬好后，妈妈把简单腌制的萝卜丝和油渣搅拌在一起，加入酱油以及其他的作料，萝卜丝馅就做好了。

而那些熬好的猪油，会盛放到一个小坛子里。冷却后会凝固，会变成白白的固体油，我们叫它荤油。小时候菜中、饭中加一点，整个饭菜就变得特别油润好吃，让人念念不忘。

馅做好后接着就是和粉。妈妈说，做这样的廿四夜团子，和粉一定要用开水揉粉，因为只有开水才能将米粉的韧性筋道揉出来。妈妈在揉粉，我在一边小心翼翼地加开水。这可是技术活，如果生手是很难掌握使米团拥有柔韧性的火候的。米粉和成团后，妈妈取一小团，继续在手中揉搓后，在中间挖个小洞，再不停用手指揉按，米团的皮子越来越薄，而中间的小洞越来越大。差不多了，再放入准备好的馅料，然后将皮子慢慢收拢，搓圆，就成了一个有很多馅料的大团子。我也会学着妈妈的样子做，但是从来没做成过一个团子，不是皮子太厚，就是包不住馅。直到今天，我仍旧不会做团子。

团子做好后妈妈就把它们放蒸笼里隔水蒸，蒸熟后的团子外表细腻柔糯，轻轻咬一下，一大包酱油色的萝卜丝馅就呈现在眼前，忍不住咬一口，脆而不生，肥而不腻，我一下子就能吃几个。我如今想起，依然满嘴生津，真的好怀念。

"今年做好廿四夜团子后，隔壁的叔叔家要送几个。对了，你开车来接我，你两个阿姨家也要给她们一些，特别是你外婆，95岁了，还特别喜欢吃。"妈妈的话语把还沉浸在美好回忆中的我拉了回来。

"过年了，也不知道送什么，做几个团子给她们尝尝以前的味道。"

"以前的味道！妈妈，你这话说得太有水平了！"我像发现了新大陆一样大声赞美。

"瞧你一惊一乍的，以前的味道就是以前的味道嘛！"妈妈宠溺地说。

是啊，妈妈口中的"以前的味道"确实是美味的萝卜丝馅团子的味道。但这"以前的味道"还是淳朴的乡间人们过年的味道，更是浓浓的乡间亲人亲情的味道。好一个"以前的味道"！

写于2021年2月5日